읽고 대화하면
생각하고 행동할 수 있다

초등 아빠의
행복한
밥상머리 독서토론

초판 1쇄 인쇄	2021년 11월 22일
초판 1쇄 발행	2021년 11월 24일
지은이	이완철
발행인	이헌숙
디자인	(주)휴먼컬처아리랑 디자인팀
편집	(주)휴먼컬처아리랑 편집팀
교정·교열	김건아
주소	경기도 양평군 옥천면 용천로 37
문의	• TEL 070-8866-2220 • FAX 02) 784-4111
이메일	thethinkbook@naver.com
홈페이지	www.휴먼컬처아리랑.kr
발행처	생각쉼표 & (주)휴먼컬처아리랑
출판 등록	제 2009-000008호
등록 일자	2009년 12월 29일
등록 번호	132-81-87282
ISBN	979-11-6537-162-3 (93300)

- 이 책은 생각쉼표 & (주)휴먼컬처아리랑과 저작권자의 계약에 의해 출판된 것이므로, 무단 전재 및 유포, 공유, 복제를 금합니다.

- 이 책 내용의 전부 또는 일부를 이용하려면 반드시 저작자와 생각쉼표 & (주)휴먼컬처아리랑 서면 동의를 받아야 합니다.

- 잘못 만들어진 책은 판매처에서 교환해 드립니다.

초등 아빠의
행복한
밥상머리 독서토론

이완철 지음

(주)휴먼컬처아리랑

추천사

1. KBS 드라마 『미스 몬테크리스토』 작가 정혜원

    육아라는 스펙터클 한 모험에 용기 있게 도전하는 부모들에게 이 책을 권하고 싶다.

    좋은 책은 좋은 친구를 만나는 것과 같다고 한다. 아이를 위해 온라인 독서 모임을 시작하고 아이와 함께 책이라는 좋은 친구에 대해서 소통하는 저자의 도전이 팬데믹 시대의 새로운 육아 길라잡이가 되어 줄 것이다.

2. 동화작가 백은하

아직도 밥상머리에서 "조용히 하고 빨리 밥이나 먹어."라고 말하십니까? 스마트폰에 빠져있는 자녀들에게 매일 밥을 먹고, 물을 마시듯, 밥상머리에서 매일 대화로 소통해보는 건 어떨까요? 대화에 살짝 책을 끼워 넣는다면 좋겠지만 그렇지 않으면 어떻습니까? 아이와 대화하면서 소통하는 것만으로도 행복하지 않겠습니까?

이 책은 아이가 올바르게 성장하는데, 부모와의 대화가 얼마나 중요한지 알려줍니다. 딱딱한 독서토론이 아닌 밥상머리의 대화가 왜 소중하고 행복한 추억이 되는지도 알 수 있습니다. 밥상머리만 살짝 바꿔도 아이의 성격도, 성적도, 표정도 모든 게 바뀐다는 걸 책을 통해 알아가기를 바랍니다.

3. 작가 이재욱

독서 교육을 고민하는 부모의 시행착오를 줄여 줄 책이다. 막연했던 생각이 확실한 목표로 바뀔 것이다. 저자의 깊은 아이 사랑과 관심을 오롯이 느낄 수 있다.

4. 온라인 독서토론 <꿈꾸는 봄결> 대표 지윤주

그동안 자녀와 함께하는 교육은 항상 엄마의 몫이었다. 엄마가 자녀의 모든 교육을 도맡아 하는 것이 당연한 사회 분위기였으나 이제는 달라지고 있다. 코로나19로 인한 재택, 1인 기업과 프리랜서의 활성화 등으로 아빠는 자녀와 더 가까워지고 자녀의 교육에 더 가까이 참여하고 기여 하는 존재가 될 것이다. 그리고 이완철 작가의 『초등아빠의 행복한 밥상머리 독서토론』은 그런 사회 분위기에 첫 시작을 알리는 책이 될 것이다.

5. 朴慶任. 문학박사.
광운대에서 후학 양성을 위해 노력하고 있다.

이 글은 유태인들의 하브르타 교육과 우리나라 전통식 교육인 밥상머리 교육이 잘 조화된 지혜로운 자녀 교육 방식이 녹아 있다. 저자는 히브리어로 친구의 의미가 있는 히베르에서 유래한 의미 그대로 아빠는 어린 아들의 친구 같은 존재로 토론의 장을 통하여 문답법으로써 아이 스스로 진리를 터득해 나가는 방법을 사용하고 있다. 독서 후 아이의 발제문과 아빠의 발제문을 별도로 구성하여 상대방의 시각에서 사물을 통찰하려는 노력은 정신적 교감을 느끼기에 충분하다. 우리 현교육의 참신한 방법을 엿볼 수 있으며 "어린이는 어른의 아버지"라고 했던 윌리엄 워즈워드의 명언을 떠올리게 하는 숭고한 의사소통 과정을 엿볼 수 있을 것이다.

남양주시 BOOK TACT 독후감 공모전 초등고등부 우수상

치킨 / 저자 프랑수아즈 로랑
닭이 편히 죽을 날을 기다리며 / 이정민 (11)

닭은 우리 집 식탁에 자주 올라온다. 하지만 나는 그 닭이 어떻게 키워지는지 몰랐다. 마당에서 달걀로 태어나 병아리가 되어 닭이 된 뒤 짝짓기를 하고 알을 낳은 다음 행복하게 우리 집 식탁에 오른다고 생각했다.

그러나 『치킨』을 읽고 그것은 나만의 망상이라는 것을 알게 되었다. 실제로 닭이 우리 밥상에 오르는 과정은 아주 참혹했다. 닭들은 80%가 공장식 양계장에서 밀식사육을 당한다. 엄청나게 많은 닭들이 좁은 양계장에서 키워지는 것이다. 병에 걸리고 뼈가 발달하지 못하며 완전히 미쳐버리는 경우도 있다. 서로 죽고 죽이는 참혹한 경쟁을 벌인다. 그러다 보면 때로는 부리를 절단하는 고통도 감수해야 한다. 이것이 끝이 아니다.

더 많은 치킨을 만들기 위해 인간은 닭의 살을 억지로 찌웠다. 바이러스와 한 번도 싸워보지 못했던 닭은 면역력이 약해져 병에 쉽게 걸리고 자신의 몸무게마저 지탱하지 못한다. 다리가 휘어 모이통까지도 못 가서 굶어 죽는 경우도 있다고 한다.

이렇게 수백, 수천 마리의 닭이 고통받고 죽어도 전혀 아랑곳않는 것이 있으니 그것은 바로 인간이다. 내가 같은 인간이라는 것이 순간 한없이 부끄러워진다.

물론 인간에게도 피해는 있다. 좁은 곳에서 닭을 키우려 항생제를 마구 주사하다 보니 치킨을 먹는 사람의 건강도 좋을 리 없다. 인간과 닭 모두 환자가 되는 것이다.

간혹 잘못을 깨달은 양심적인 사람들이 공장식 축산 반대 캠페인을 벌이기도 한다. 그러나 그것은 잠시, 캠페인이 있든 말든 양계장들은 계속 공장식으로 닭을 도축한다.

닭은 그렇게 한없이 고통받는 것이다. 우리는 닭의 권리는 완전히 무시한 채 그냥 먹어 치운다. 대체 왜 인간 이외 다른 동물의 권리는 철저히 무시하는 걸까. 닭은 정말 사람에게 먹히라고만 있는 동물일까.

　닭은 어쩌면 들판에서 뛰어놀다 자연적으로 죽는 수많은 생명체 중 하나일지 모른다. 닭이 사람을 해치지도 않는데 우리는 닭을 무조건 좁은 건물에 가두고 고통을 주며'냄비'에서만 삶을 끝내 버린다. 대자연은 항상 우리에게 살 터전을 주고 마실 물을 주며 먹을 것도 준다. 그런데 우리는 대자연의 은혜를 망각하고 자연을 멋대로 주무를 생각만 한다. 사람들은 흔히 이런 문제를 말하면 "우리한테 꼭 필요하니까, 우리도 먹고 살아야지."라고 말하며 얼버무린다. 물론 사람이 살기 위해 먹어야 하는 것은 맞다. 하지만 지금처럼 꼭 잔인하게 먹어야 할까. 닭들이 살아 있는 동안만이라도 잠시 행복하게 살 수는 없는 것일까?

　우리는 식탁의 치킨이 어떻게 오는 것인지 되돌아봐야 한다.

　날씨 좋은 어느 날, 닭들이 냄비 안이 아니라 들판 위 잔디에서 편안히 죽을 수 있는 기회가 오기를 간절히 기다려 본다.

추천사	05
프롤로그	14

I. 책과 나　　　　　　　　　　　　　　　　23

나를 찾아가는 여행

1. 나는 누구인가, 까칠한 남편 보고서 〈공원을 가면 아기를 낳기도 한다〉
2. 나를 변화시킨 첫 번째 책 〈아기를 낳고 키우려면 상세 설명서가 필요해〉
3. 5살, 아빠육아놀이모임을 시작하게 된 결정적인 이유
4. 사람책, 사람도 좋은 책이 될 수 있다.
5. 좋은 아빠가 되고 싶었다.
6. 행복한 밥상머리 독서토론은 무엇일까?

II. 책과 놀이　　　　　　　　　　　　　　　51

책과 사랑에 빠지는 아이를 원한다면

1. 유아기 책 읽기의 황금시간, 잠자리 대화
2. 행복한 책놀이
3. 책 읽기도 이벤트가 필요해
4. 도서관과 서점의 행복
5. 초등 독서골든벨
6. 책 벼룩시장과 친구집도서관
7. 가족 독서 수기와 가족 독서신문
8. 신문 읽기와 신문 기고
9. 편지 대회와 독후감 대회
10. 책으로 떠나는 여행

Contents

III. 행복한 독서토론　　　　　　　　　　95

1부 : 즐거운 친구독서회

1. 초등 온라인 독서토론을 시작한 이유
2. 초등 온라인 독서토론 운영을 위한 열 가지 방법
3. 초등 독서토론의 장점
4. 초등 친구들과 아빠의 독서토론

2부 : 밥상머리 가족독서회　　　　　　　163

1. 가족독서회의 출발점과 장점
2. 가족의 행복한 밥상머리 독서토론
3. 엄마와 함께하는 책놀이

에필로그　　　　　　　　　　　　　　　221

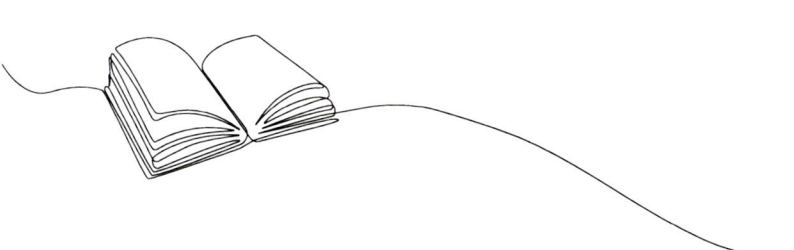

프롤로그

모든 인간은 나를 위해서 산다.

　미국 케이블 채널 AMC에서 방영된 드라마 〈브레이킹 배드〉는 〈엑스파일〉의 각본가로 유명한 빈스 길리건이 제작했습니다. 총 16개의 에미상을 수상한 이 작품은 뇌성마비 아들을 키우는 화학 선생님 월터가 50세 생일에 폐암 3기 시한부 인생을 선고받는 것으로 시작합니다. 주인공 월터는 아빠의 이름으로 남편의 이름으로, 가족의 미래를 위해 마약을 제조하는 극단적인 선택을 합니다.
　초등 아빠가 이야기하는 행복한 밥상머리 독서토론을 시작하며 뜬금없이 미국의 마약 드라마를 언급한 건 '나를 위해서 그런 거야'라는 아빠 월터의 마지막 대사 때문입니다. 자신의 모든 행위가 오로지 가족을 위한 선택이었다고 항변하던 아빠가 마지막 순간 그 모든 것이 사실은 사신을 위한 결정이었다고 정말 솔직한 고백을 합니다.

You need to understand.
아빠 월터 : 알아줬으면 좋겠어..

If I have to hear one more time that you did this for the family..
엄마 스카일러 : 또 한번 가족을 위해서 했다는 소리 따위나 하면..

I did it for me. I liked it. I was good at it. And I was...really...
I was alive.
아빠 월터 : 나를 위해서 그런 거야. 재밌었어. 잘하기도 했고.
            게다가... 정말로... 살아 있는 것 같았어.

나를 위해서 그랬다는 월터의 고백이, 그걸 하면서 재밌었고 뿌듯했다는 월터의 마음이 저의 가슴을 울렸습니다. 나는 지금 살아 있는 나인가?

수많은 책 속에서 묻고 답하는 건 결국 나는 누구인가? 그래서 나는 어떻게 살면 행복할까? 의 문제입니다.

누군가 저에게 당신은 누구냐고 묻는다면 지금의 나는 한 치의 망설임도 없이 정민아빠라고 이야기합니다. 아빠였을 때 저는 비로소 삶의 의미와 나를 찾았습니다. 그리고 행복했습니다. 아이를 위한다고 했던 그 모든 출발점에는 결국 내가 있었습니다. 그것은 궁극적으로 누군가를 위한 희생이 아니었습니다.

〈브레이킹 배드〉의 월터가 마약을 제조하며 자신의 존재를 확인한 것처럼, 누군가는 자기 일을 하면서, 사랑을, 또 다른 누군가는 운동을, 요리를, 여행을, 휴식을, 내가 원하는 그 무언가를 할 때 재밌고 행복합니다.

돌이켜 보면 저는 46년의 인생에서 아빠일 때 가장 재미있었습니다.

정말 열심히 했습니다. 저는 그때, 살아 있었습니다.

제가 책을 읽고 토론을 하게 된 것도, 지금 밥상머리 독서토론을 이야기하게 된 것도, 모두 아빠였기 때문에 가능했습니다. 지금 이 순간, 아래 세 가지 질문에 자신 있게 답할 수 있다면 당신은 이미 행복한 사람입니다.

1. 당신은 누구인가요?
2. 당신은 언제 재밌나요?
3. 당신은 언제 살아있다고 느꼈나요?

당신이, 그리고 당신의 자녀가 앞으로도 이 질문에 자신 있게 답할 수 있기를 바래 봅니다. 책을 덮는 마지막 순간, 초등 아빠의 솔직한 고백 일기가 당신의 생각과 답변에 아주 작은 도움이 되었으면 좋겠습니다.

읽고 대화하면 생각하고 행동할 수 있다.

이 책은 밥상머리 교육 이론서가 아닙니다. 평범한 일상 속에서 책을 도구 삼아 아이와 재밌게 대화하고 소통한 초등 아빠의 살아 있는 이야기입니다. 책으로 함께 신나게 놀다 보니 어느새 행복한 대화가 가득한 밥상머리 독서토론이 되었습니다.

초등 5학년 아들과 함께 성장하고 있는 저는, 매월 7개의 각기 다른 독서 모임에 참여하고 있습니다. 초등학생 친구들과 함께 하는 친구독서회, 지역 성인 독서회 그리고 전국 도서관의 온라인 독서회와 가족 독서회까지 펜데믹은 제게 책과 사람을 선물했습니다.

지금처럼 제가 책과 독서토론에 빠질 수 있었던 것은 첫째, 제가 책 읽는 아빠가 되기를 스스로 원했기 때문입니다. 스스로 원했기에 독서회를 하는 순간 즐거웠습니다. 둘째, 누군가와 책 모임을 함께 했기 때문입니다. 혼자 다짐하기보다는 세상과 약속하면 더 열심히 할 수 있습니다.

자녀의 행복한 책 읽기도 같다고 생각합니다. 스스로 원해서 즐거운 마음으로 누군가와 함께하면 책과 사랑에 빠질 수 있습니다.

물론 누군가의 출발점은 가족입니다. 가족과 책 사랑에 빠져 일상에서 읽고 대화하면 생각하고 행동할 수 있습니다. 사실 저는 결혼을 하고 한동안 책을 읽지 않았습니다. 관심조차 없었습니다. 그런 제가 왜 책을 읽게 되었고 지금은 수시로 가족과 책 모임을 하게 되었는지, 나를 찾아가는 책 모임은 어떻게 시작되었는지 돌아보고자 합니다. 그것은 결국 지금의 나를 발견하는 일이기도 합니다. 혼자 놀던 무인도의 5살 아들은 어느새 놀이터에서 친구들과 노는 시간이 가장 행복합니다. 책과 사랑에 빠진 12살 소년은 이제 책 읽기와 독서토론을 친구와 함께 합니다.

아이가 책을 왜 그렇게 좋아해요?

주변에서 물어볼 때마다 그냥 웃고 말았는데, 지난 가족의 일상을 정리하고 보니 우리 가족은 밥상머리 독서토론을 향해 조금씩 걸어가고 있었습니다. 이 책은 어려운 독서토론 이론서가 아닙니다.

전반전은 나를 찾아 가는 여행으로서 책과 나, 그리고 아이가 왜 책을 사랑하게 되었는지 그것들이 어떻게 독서토론의 밑거름이 될 수 있었는지 실제 사례를 중심으로 살펴보겠습니다. 후반전은 펜데믹의 시대 만들어진 온라인 초등 친구독서회와 가족 독서회를 중심으로 독서토론과 함께 하는 친구와 가족의 행복한 삶을 이야기합니다.

책놀이와 독서토론을 통해 행복한 육아를 꿈꾸시는 부모님들과 함께 호흡하기를 바래봅니다. 〈송파 책박물관〉에는 아이가 직접 글씨를 쓸 수 있는 재밌는 전광판이 있습니다.
10살 아들이 썼던 전광판의 한 문장처럼, 우리의 삶이 책과 대화로 행복했으면 좋겠습니다.

나에게 책이란 작은 희망이다.

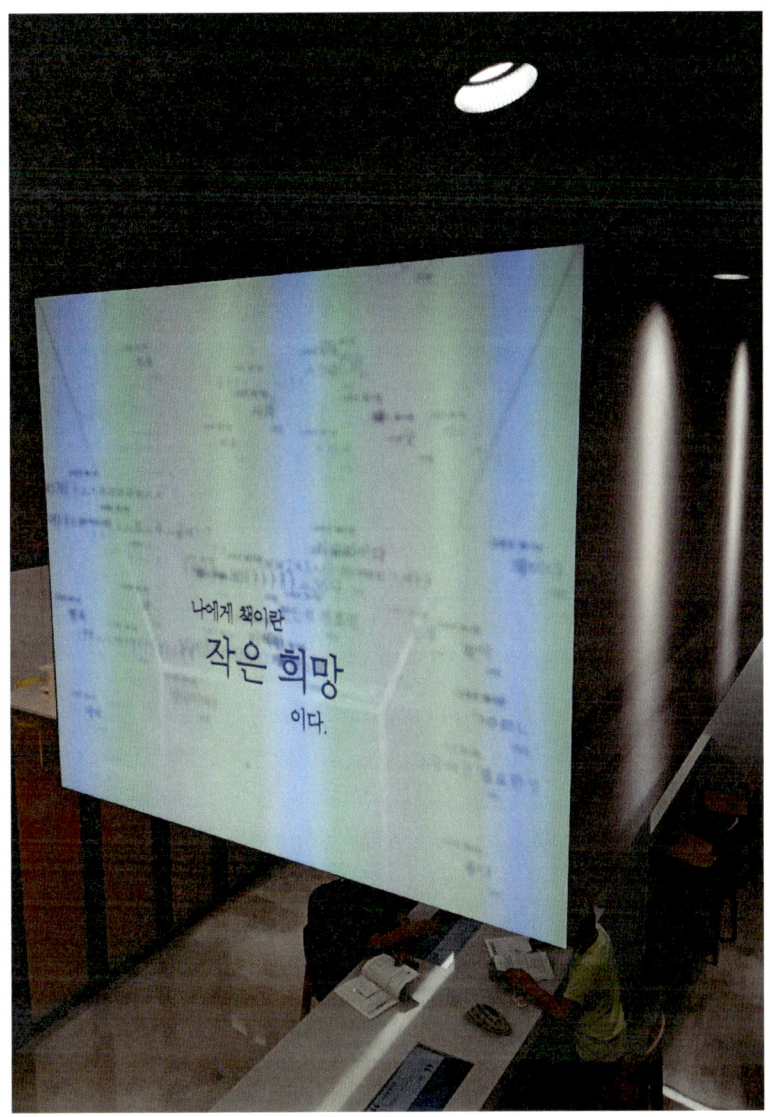

▲ 송파 책박물관 전광판에 띄운 아들의 책마음

초등 아빠의
행복한
밥상머리 독서토론

...
읽고 대화하면
생각하고 행동할 수 있다

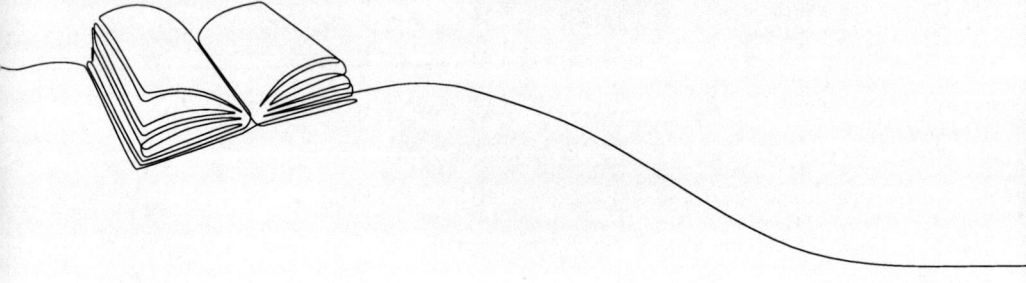

나를 찾아가는 여행

1. 나는 누구인가?
까칠한 남편 보고서 〈공원을 가면 아기를 낳기도 한다〉

94학번 나는 국어국문학과 커플로 97학번 아내를 만났다. 둘 다 소설과 영화를 좋아하는 것 말고는 너무 달랐다. 식성부터 삶을 대하는 태도까지 서로가 많이 달랐기에 연애 6년 동안 우리는 피 터지게 싸웠고 화해하는 시간을 반복했다.

수많은 책을 읽었음에도, 돌이켜 보면 나는 그때까지 내가 누구인지 모르고 살았다. 나를 몰랐기에 상대방을 이해하거나 받아들이는 대화를 할 수 없었다. 모든 연인들이 끝났다고 생각하는 그 순간, 우리는 알 수 없는 힘에 이끌려 새로운 출발선에 섰다.

결혼이었다.

물론 내가 변하지 않았기에 싸움과 화해의 패턴은 변하지 않았다. 6년의 연애는 결혼생활에 아무런 도움이 되지 않았고 덜컹거리는 부부 옆에 아기가 함께할 자리는 없었다.

결혼 6년 동안 나는 여전히 아내를 있는 그대로 인정하거나 사랑하지 못했다. 늘 나만의 기준으로 그녀를 함부로 재단하고 바꾸려 했다. 내가 이만큼 했으니 너도 저만큼하기를 바라는 못난 남편이었다. 당연히 싸움은 늘어나고 화해는 줄어들었다. 진짜 대화를 못했다. 그러함에도 그 시절 우리가 매번 헤어지지 않은 결정적인 이유는 아내가 나를 바꾸려 하지 않았기 때문이었다. 그녀는 자기 소신대로 그저 자기 길을 묵묵히 걸어갔다.

원룸의 좁은 신혼집에서 서로 말을 하지 않는 시간이 천장의 곰팡이처럼 끝없이 되살아나자 '이혼'이라는 단어가 스멀스멀 두 사람의 입술에서 심심치 않게 튀어나왔다. 몇 장면만 더 지나면 뻔한 엔딩 크레딧이 그대로 올라갈 것 같은 극의 전개였다. 거짓말 같은 그

날이 찾아오지 않았다면 너무 식상한 결말이었다.

그날은 유난히 하늘도 두 사람의 마음도 청명한 5월의 어느 봄날이었다.

수리산에 둘러싸인 시민공원. 그날 영화처럼 5살 이름 모를 소녀가 내게로 뛰어왔다. 친구들과 신나게 뛰어 놀다 미처 나를 발견하지 못하고 내 다리와 정면충돌 했다. 성인인 내가 뒤로 휘청거릴 만큼 너무 세게 부딪쳐서 소녀를 걱정했는데 소녀는 아무렇지도 않게 툭툭 털고 일어나 내 쪽은 쳐다보지도 않고 친구들 사이로 신나게 뛰어갔다.

팔랑거리던 그 날의 노란 원피스 치마가 햇살에 눈부시게 반짝였다.

아내도 나도 그 소녀의 뒷모습을 한참 동안 멍하니 바라보았다.

무언가에 단단히 취하듯 그날 이후 우리는 아기를 낳기로 결심했다. 이성으로는 도저히 설명할 수 없는 일. 이혼 직전의 부부가 왜 그렇게 갑자기 딸을 낳기로 결심했는지 그것은 결혼 결심만큼이나 지금도 미스테리다. 자기들 마음대로 딸을 낳을 수 있다는 자신감은 또 어디서 나왔는지…

그리고

거짓말처럼 한 달 뒤 아기가 찾아왔다.

내가 부모를 선택할 수 없는 숙명처럼, 미친 듯이 싸우다 결혼한 운명처럼, 애타게 기다리던 딸 대신 지금의 아들을 만난 특별하고 별난 변화, 나와 아내가 어찌할 수 없는 우주의 일이었다.

나는 아빠라는 우주 속으로 순식간에 빨려 들어갔다.

2. 나를 변화시킨 첫 번째 책
〈아기를 낳고 키우려면 상세 설명서가 필요해〉

임신과 출산 그리고 육아까지. 모두가 그러하듯 우리에게도 처음인 순간이 있다.

행복감보다는 우선 걱정과 불안, 궁금증이 밀려왔다.

나의 불안과 궁금증을 가장 빨리 해결해 줄 수 있는 건 임신과 출산에 관한 책이었다. 20대 시절, 소설과 시나리오에 대한 짝사랑이 끝나고, 나는 의도적으로 책을 멀리했다. 결혼 후 6년간은 의식적으로 책을 집어 들지 않았다. 생업 이외 다른 것은 무엇도 생각하고 싶지 않았다. 책을 읽어서 어디에 써먹나 삐딱한 마음이 들었다.

하지만 임신을 확인하고 기쁨보다는 불안함이 커지자 나는 아무 생각 없이 도서관을 찾았다. 임신과 출산에 관한 책을 닥치는 대로 읽기 시작했다.

남편인 내가 임신과 출산에 관한 책을 읽으면서 가장 좋았던 점은 관련 지식이 아니었다. 임산부인 아내의 입장을 처음으로 바라보기 시작한 것이다. 책은 아내가 왜 힘든지, 아내의 몸과 마음이 어떤지, 배 속의 아이는 어떻게 자라고 있는지 아주 자세히 알려주었다. 읽지 않았다면 그저 대충 귀동냥 지식으로 아내와 아이를 바라보았을 것이다.

예정일보다 2주 먼저 양수가 터지고 유도분만을 하면서 우리 부부는 책과 다르게 허둥댔지만, 아내를 바라보는 내 시선이 바뀌자 연애 6년 결혼 6년. 치열했던 12년의 남녀 전쟁은 어느새 휴전과 평화의 시대로 빠르게 전환되었다.

가족 회복실 첫날밤, 모유 수유를 하면서 아내와 함께 땀이 비

오듯 쏟아졌다. 아파서 잠든 아내를 위해 나는 구부정한 자세로 아기의 어깨를 쉼 없이 주물렀다. 모유 수유 간격을 지키라는 간호사 선생님의 말씀과 육아 책 한 구절 한 구절이 다시 떠올랐기 때문이다. 임산부로서 힘든 아내를 있는 그대로 받아들일 수 있었던 것도, 예비 아빠로서 내 마음을 돌아 볼 수 있었던 계기도 결국 관련 서적들 때문이었다.

두 돌까지 안고 걷지 않으면 잠들기를 온몸으로 거부했던, 감각이 매우 뛰어난 아이를 한여름에도 껴안고 수없이 걷고 견딜 수 있었던 것도 책에서 읽은 '애착 육아'에 대한 믿음 때문이었다. 땀을 한 바가지 흘리고 아기띠에서 입을 벌리고 세상 모르게 자고 있는 아이의 얼굴은 창밖의 노을보다 빛나고 있었다.

그때 흘린 땀 덕분인지 지금의 아이는 우리를 세상 그 누구보다 편하게 한다.

세상도 사람도 아는 만큼 보인다. 상대가 보여야 소통할 수 있다.

주변에 누군가 임신 사실을 알려온다면 가장 먼저, 예비 아빠에게 임신과 출산 관련된 그 어떤 책이라도 선물해줬으면 좋겠다.

임신 기간 동안 마음의 평화 시대를 경험한 나로서는 아빠의 시작과 함께 다양한 육아서적을 읽기 시작했다. 도서관에는 아기의 생애별 맞춤 서적이 수없이 많다.

물론 육아 책을 읽는다고 어느 날 갑자기 모든 남편이 육아에 능숙하고 적극적인 아빠로 급변하지는 않을 것이다.

다만, 아기가 왜 우는지 어떨 때 힘들어하는지 무엇을 좋아하는지 지금은 무엇이 필요한지 육아가 처음인 부모에게 책은 가장 좋은 친구이자 상담가가 될 것이다.

한 번도 사용하지 않은 최신 전자제품을 시행착오를 겪으며 그냥 쓸 수도 있다. 당장 부서지는 것은 아니다. 하지만 설명서를 꼼꼼히 읽어보고 사용하면 더 많은 기능과 사용법을 알게 돼서 오작동을 최소화하고 상품의 가치를 최대치로 끌어올릴 수 있다. 쓰고 버려질 기계에도 설명서가 있는데 복잡하기 이를 데 없는 사람설명서가 있어야 하는 것은, 필요한 것은 어쩌면 당연하다. 하지만 많은 아빠들이 단 한 번도 읽지 않고 아기를 키우기 시작한다. 아는 만큼 상대를 이해할 수 있다. 육아 관련 서적은 단순한 지식의 습득이 아닌 가족과 소통하고 대화할 수 있는 가장 손쉬운 최고의 무기다.

생애 최초 아기와 나의 첫 만남에 〈아기 상세 설명서〉가 있다면 육아의 행복은 분명 배가 될 것이다.

당신의 아이를 낳은 아내에게
아빠가 처음인 당신에게
세상에 단 하나뿐인 존재, 아기에게도
〈아기 상세 설명서〉는 필요하다.

3. 5살, 아빠육아놀이모임을 시작하게 된 결정적인 이유
〈아이가 외딴섬이 되었어요〉

지금 생각해 보면 그것은 아주 잠깐의 성장통이었다. 그 시기 아들은 처음 보는 아이들과 쉽게 친해지기 어려운 조심스러운 성격의 아이었다. 세상과 타인을 향한 세밀한 관찰 기간이었지만 초보 아빠는 내가 무엇을 잘못했을까? 엄청난 죄책감과 심각한 위기감에 휩

싸였다. 5살까지 어린이집을 보내지 않은 것이 모든 문제의 시작이자 끝이라는 생각이 들었다. 우리가 선택한 가정 육아가 뭔가 잘못되었던 걸까. 우리의 사랑법이 혹시 아이를 망치고 있는 건 아닐까? 나는 막연한 죄책감과 불안감을 안고 아내와 처음으로 어린이집을 보낼 결심을 했다. 하지만 그것만으로 아이를 무인도에서 구출하기에는 뭔가 문제가 해결될 것 같지 않았다. 나는 근본적인 변화가 필요하다고 생각하고 마음이 급해졌다.

첫 번째 결심은 어린이집 등원 이전에 서둘러 아빠육아모임을 찾는 것이었다. 만나고 지내던 문화센터 친구들만으로는, 책으로 배운 육아만으로는, 외딴섬이 된 아들의 문제를 왠지 해결하지 못할 것 같았다. 어떤 일이든 최선을 다해 보지만 결과가 좋지 않다면 반성하고 빠르게 수정해야 하는 것이 내 삶의 원칙이었다.

내가 만난 첫 번째 육아모임은, 정신과 의사이자 아빠가 운영하는 아빠육아모임 이었다. 당시에는 아빠육아가 보편화되어 있지 않았지만 모임장님은 정신과 의사선생님답게 함께 하는 부모들의 육아 고민에 대해 명쾌한 답을 주셨다.

하지만 아들과 비슷한 또래의 친구들이 없다는 것이 아쉬움으로 남았다. 어떻게 해야 할까 다시 고민에 빠져있을 때 아빠육아모임 관련 방송촬영이 이루어졌고 우연히 그곳에서 함께 참여한 아빠로부터, 〈아빠학교〉라는 온라인 놀이육아모임을 알게 되었다.

4. 사람책, 사람도 좋은 책이 될 수 있다.

첫 번째 사람책, 온라인 중심 <아빠학교>

2009년 시작된 아빠학교(https://cafe.naver.com/swdad) 는 12년이 지난 지금까지도 육아에 관심 많은 전국의 아빠들이 자발적으로 모여 있는 아빠육아 온라인공동체 이다.

아이와 보냈던 즐거운 추억의 시간, 놀이 시간, 고민 시간을 온라인상에서 공유하며 서로 격려하고 이야기하는 공간이다.

한글 공부에 대한 고민부터 이유식과 놀이법, 아이의 건강과 친구 관계. 아이와 관계된 것이라면 그 무엇이라도 함께 나누고 배웠다. 많은 아빠들이 시행착오를 거치며 직접 겪고 깨달았던 살아있는 육아 정보와 경험을 알려주셨다.

〈아빠학교〉는 나에게 참으로 좋은 육아 선생님이었다.

그곳에 참여한 모든 아빠들이 내게는 정말 좋은 책이었다. 사람이 사람을 변화시키는 또 하나의 책이 될 수 있다는 것을 알게 되었다. 나보다 좋은 아빠들이 정말 많았다.

이곳에서 아빠들의 선한 영향력으로 아이가 즐겁게 글을 쓸 수 있게 되자 아들과 아빠학교에서 제작한 〈꿈 점검표〉를 주고받았다. 사실 처음에는 '이런 것을 뭐하러 쓰나. 나는 아이에 대해 이미 다 알고 있지 않나?' 생각했다. 그렇게 〈꿈 점검표〉를 하루 동안 망설이고 아들에게 건네지 못했다. 퇴근 후 온수 매트에서 깜빡 쪽잠이 들었는데 아들이 자는 나를 깨웠다.

"아빠 다 썼어요."

나의 꿈 점검표
<초등저학년용>

1. 내가 먹고 싶은 음식 2개를 적으시오

   수제김밥, 가지볶음

2. 내가 싫어하는 음식 1개를 적으시오

   브로콜리

3. 내가 아빠와 하고 싶은 놀이 3개를 적으시오

   연날리기, 팽이치기, 바둑

4. 내가 아빠와 놀러 가고 싶은 곳 3곳을 적으시오

   놀이공원, 키즈카페, 4계절 썰매장

5. 내가 커서 되고 싶은 사람을 2명 적으시오

   세종대왕, 이순신 장군

6. 내가 가장 좋아하는 일 3가지를 적으시오

   방과 후 바둑, 도서관에 있는 시간, 성민이랑 노는 시간

7. 내가 올해에 꼭 이루고 싶은 목표를 적으시오

   해리포터 다 읽기

8. 그러기 위하여 내가 스스로 해야 할 일은 무엇인가?
  해리포터를 열심히 읽는다

9. 내가 우리 집에서 해야 할 일은?
  방 청소, 신발 정리

*** 아빠의 미션
  한 달 한 번 서점에 가서 책사기와 영화를 보는 날 정하기

거실 책상에서 뒹굴고 있던 종이를 아이가 발견한 것이다. 하고 싶은 것들을 구체적으로 시간 약속까지 잡자 아들의 입가에 환한 미소가 가득했다. 〈꿈 점검표〉를 읽다 보니 내가 아들을 다 알고 있다고 생각했던 것이 착각이었구나, 반성하게 되었다. 유아기 때부터 브로콜리를 양념 없이 삶아주면 너무 잘 먹어서 아직도 좋아한다고 생각했는데, 아니었다. 그런 나를 잠시 보던 아들이 책상에 갑자기 앉는다. 잠깐 생각하더니 아빠를 위한 꿈 점검표 라며 내민다.

"아빠도 해보세요."

아들이 건넨 아빠의 꿈 점검표는 다음과 같았다.

---

1. 과거의 꿈 2가지를 쓰시오
2. 당신이 올해 하고 싶은 것 3가지를 쓰시오
3. 당신이 책, 영화를 보고 재미있거나 인상 깊었던 장면을 쓰시오.

과거의 꿈을 적으라는 첫 번째 질문에서 마음이 울렁거렸다. 쪽지를 통해 아들의 마음을 다시 읽으며 더 빨리 시작하지 못함이 못내 아쉬웠다. 종이 한 장의 글로 서로의 생각을 알고 마음을 나눌 수 있는 것이 감사했다. 오랫동안 모아보면 시간이 지나 한 권의 책이 될 수도 있다. 책을 함께 써나가는 것이다. 아이들만이 아니라 친구끼리 가족끼리 연인끼리 서로의 생각과 마음을 질문해 보면 어떨까?

나의 꿈 점검표는 궁극적으로 나는 무엇을 좋아하고 싫어하는지, 앞으로 무엇을 하고 싶은가를 묻는 자기와의 대화다. 부모도 자녀도 나를 계속 돌아보는 질문을 스스로 던질 때, 진짜 나를 찾을 수 있는 길이 열린다.

두 번째 사람책, 오프라인 중심 〈행복한 가족나무〉

    앞서 밝힌 아빠학교는 내게는 너무도 소중한 스승님이었지만, 아들이 많은 친구들을 직접 만나서 신나게 놀았으면 하는 처음의 바램을 채워주기가 힘들었다. 〈아빠학교〉는 당시만 해도 철저히 온라인 중심의 육아모임 이었다. 무인도에서 뛰어나온 아이가 직접 만나고 부딪치고 성장할 수 있는 모임이 절실했다. 그 때 만난 것이 〈행복한 가족나무〉였다.

https://cafe.naver.com/happyedutree/2099

    2014년 시작된 〈행복한 가족나무〉는 〈아빠학교〉처럼 아빠들이 육아모임의 중심이 된다는 공통점이 있었지만 가장 큰 차이점은 전국에 있는 아이들이 직접 만나 행복한 가족단체여행을 간다는 점이었다. 비영리조합을 만들 만큼 아빠들은 열정적이었다.

7~8 가족의 여행이 일 년 정도 지나자 30가족이 넘는 단체여행으로 커졌다. 여행의 형식은 다양했다. 소풍. 캠핑. 템플 스테이. 할로윈 축제. 어린이날 여행. 유치원 졸업여행. 독서 캠핑. 어떻게 하면 아이들과 더 신나고 재밌게 놀 수 있을까 아빠들은 행복한 고민에 빠졌다. 정말 조그마한 건수라도 있으면 이름을 붙여서 수시로 만났다. 그중에서도 더 친해진 가족들과는 한 달에 세 번을 만나기도 했으니 이쯤 되면 거의 사람책에 중독되어 있다고 해도 과언이 아니다. 만남을 통해 서로가 서로를 보고 배웠다. 나 정도면 괜찮은 아빠가 아닐까 자만에 빠져있을 때, 나한테 부족한 것은 무엇인지 문제점은 무엇인지 다른 아빠들을 통해 배웠다.

그때 왜 그렇게 좋아했나 생각해 보면 결국 스스로 원했고, 가족 모두 재미있었다. 아이는 회를 거듭할수록 친구들과 웃음이 많아졌고 나는 아빠들과 함께 행사를 준비하며 들떠 있었다. 놀고 돌아오는 길에 또 다른 여행을 준비하고 있었다.

재밌으니 당연히 열심히 하고 열심히 하니 잘할 수밖에 없었다. 아빠로서 한 인간으로서 나는 살아 있었다.

≫ 행복했던 시간들

2019. 04
파주별난독서캠핑장 가족단체독서캠핑 주관

2018. 11
파주별난독서캠핑장 가족단체독서캠핑 공동주관

2018. 09.~
인천 <파인트리홈> 보육원 놀이자원 봉사

2017. 02
<행복한 가족나무> 유치부 졸업여행 주관

2016. 04
<행복한 가족나무> 봄소풍. 가을소풍 주관

2016. 03
광명 금강정사 어린이 템플스테이 주관

2015. ~2018
<행복한 가족나무> 가족단체여행 공동 운영 / 놀이 담당
          (어린이날.여름물놀이.가족숲속캠프, 크리스마스 여행)

    https://cafe.naver.com/happyedutree/4951
    https://cafe.naver.com/happyedutree/5430
    https://cafe.naver.com/happyedutree/5967

5. 좋은 아빠가 되고 싶었다.

　책이란 무엇인가, 생각해 본다. 그것은 결국 인간의 생각이 모여 있는 것이다. 책을 통해 우리는 서로의 생각을 엿보게 된다.
　나에게 책 읽기는, 물리적인 종이책만을 읽고 활용하는 것이 아니라 인간의 생각을 주고받을 수 있는 삶의 모든 영역에서 출발한다. 책 읽기의 개념을 일상의 우리 삶 전체로 확장 시킬 때 자녀와 진정한 소통이 시작될 수 있지 않을까?
　책을 통해 재미와 소통을 함께 하다 보면, 책 읽기의 변신은 무제한이다.
　아이가 성장할수록, 나는 다른 가정의 아이, 우리가 함께 사는 사회에 대한 생각이 더 많아졌다. 아이와 함께 하는 삶이 내게는 나를 돌아보게 하는 또 다른 책이 되어 가고 있다. 지금 아이와 내가 작게라도 시작할 수 있는 책의 첫 페이지가 무엇인가 고민하게 되었다. 봉사활동도 나와 아이가 함께 만들어갈 수 있는 책이었다. 좋은 아빠가 되고 싶었다. 내가 밥상머리 독서토론을 하는 가장 큰 이유와 목적은 읽기. 대화. 생각. 행동이 양방향으로 계속 선순환 될 때,

우리의 삶이 더 행복해질 수 있다고 믿기 때문이다.

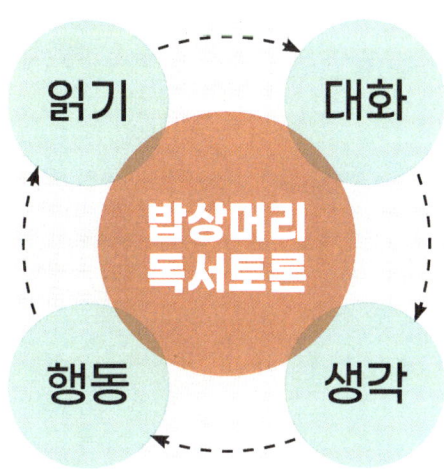

나눔 보따리 행사

매년, 전국의 5,000여 명의 자원 활동가들이 〈아름다운가게〉의 수익금과 시민들의 후원금으로 직접 꾸린 생필품 보따리 오천 개를 들고 일일 우체부가 된다. 홀몸 어르신, 조손가정을 방문, 새해 인사를 나눈다. 아빠육아모임 〈아빠학교〉에서 나는 처음 나눔 보따리 행사를 알게 되었고, 매년 우리 가족도 따라 하기 시작했다.

화재로 일터와 수십 마리의 강아지를 떠나보낸 어르신, 보일러 없이 비닐하우스 안에서 전기장판 하나로 버티시는 할아버지, 늙은 노모를 모시고 사는 장애인 부부, 일 년 내내 감기에 시달린다는 할머니의 일회용 마스크는 아주 많이 닳아 있었다.

집이 산길에 있어 근처에서 찾지 못하는 우리 가족을 위해 영하의 날씨. 할머니는 큰길까지 내려오셨다. 아이 춥다고 얼른 들어가라고 등을 떠미셨다.

두 손을 잡고 이야기를 듣는 것 말고는 더 이상 딱히 할 수 있는 것이 없었다.

지도에는 나오지 않는 주소, 그분들이 살고 계셨다.

연탄봉사

아빠육아모임 〈행복한 가족나무〉에서 만난 아빠 한 분이 자선단체 한곳을 알려주셔서 연탄 한 장의 기적이라는 봉사활동에 참여할 수 있었다.

차량이 들어갈 수 없는 낡고 좁은 골목길에는 누군가의 손길로 이미 예쁜 벽화가 그려져 있었다. 연탄을 나르기 위해 사람과 사람들이 만들어 낸 그 날의 긴 줄이 오래 오래 이어졌으면 좋겠다.

보육원 놀이봉사

아빠육아모임 〈행복한 가족나무〉에서 함께 단체 놀이를 담당했던 아빠가 있었다. 늘 어떤 놀이를 하면 아이들이 좋아할까 고민하고 실천하던 아빠였는데, 보육원 놀이봉사 이야기를 꺼내셨다. 같은 생각을 하고 있어서 너무 반가웠다. 우리가 그동안 해왔던 놀이를 우리 아이들만이 아니라 다른 아이들과도 함께 나누고 싶었다. 그렇게 아이들과 놀기 좋아하는 아빠들의 보육원 놀이 봉사팀 〈아놀자〉가 만들어졌다.

지속적으로 놀이봉사를 할 수 있는 보육원을 2018년 찾게 되었고, 좋은 아빠들이 하나둘 함께 하게 되었다. 마침 문화센터에서 아이들 놀이프로그램을 진행한 아빠까지 함께 해주셔서 큰 힘이 되었다. 연탄봉사를 주선한 아빠도 함께 하셨다.

보육원 놀이봉사는 특성상 현장에서 자녀와 함께 할 수 없다. 그래서 나는 아들에게 전날 친구들에게 전달할 간식 포장을 맡기거나, 아이들이 좋아할 만한 놀이가 무엇이 있을지 한 번 더 아이의 의견을 구했다.

함께 했던 펭귄아빠. 치타아빠. 토끼아빠. 불곰아빠. 무궁화 꽃이 피었습니다부터 줄다리기까지. 그동안 단체 여행에서 아이들이 좋아했던 놀이들을 하나씩 풀어나갔다. 모두가 한마음이었기에 함께 하는 놀이 시간은 행복했다. 아이들과 헤어지는 시간은 늘 아쉬웠다.

펜데믹으로 갑자기 멈춰서 버린 우리 모임이 다시 시작될 수 있는 그 날이 다시 와주기를 기다린다.

보육원 놀이봉사를 비롯한 봉사활동을 시작하게 된 건 내게 엄청난 이타심이나 봉사정신이 있어서가 아니었다. 아이는 이미 커서 아빠랑 노는 것보다 친구들과 노는 것을 더 좋아하고, 나는 그저 지금 내가 할 수 있는 일이 무엇일까. 내가 잘할 수 있는 것이 무엇일까 고민하다 시작된 일이었다. 한편으로 아들이 타인과 세상을 더 바라볼 수 있는 계기를 마련해 주고 싶었다. 책을 읽고 토론하며 가치관을 형성하는 것도 물론 좋지만 밖으로 나가 사람들과 세상과 부딪치며 생각하는 사람이 되었으면 좋겠다.

신나게 함께 뛰어 놀고 간식을 먹는 시간, 7살 여자 친구가 조용히 내게 말했다.

"우리 아빠가 다음 주에는 저를 데리러 오실 거예요."

보육원에 다시 가는 날, 그렇게 이야기했던 은주를 마주치지 않았으면 좋겠다. 은주가 다시 진짜 아빠 손을 잡고 집으로 돌아갔으면 좋겠다.

6. 행복한 밥상머리 독서토론은 무엇일까?

2009년 방영된 〈SBS 스페셜-밥상머리의 작은 기적〉은 하루 20분 가족 식사가 아이의 미래를 바꾼다는 주제를 내세워 많은 사람의 관심을 받았다. 아이가 책을 읽을 때보다 10배 넘는 어휘를 식탁에서 배운다는 하버드대학 연구진의 연구 결과, 가족과의 식사 횟수가 적은 아이는 흡연, 음주 경험률이 높다는 콜롬비아 대학 카사(CASA)의 연구 결과를 바탕으로 아이들의 인생에서 밥상머리 교육이 얼마나 중요한 것인지 다양한 사례와 연구 결과를 보여주었다. 대한민국의 상위 1% 학생들도, 세계의 명사들도 밥상머리 교육을 받아왔다는 것이다.

결국 밥상머리 교육은 가족이 밥을 먹으면서 인성과 예절을 교육하는 사전적 정의를 넘어서 자녀와 묻고 답하면서 스스로 답을 찾아가는 이스라엘의 전통 교육 방법인 하브루타와 그 맥을 같이 하고 있다.

밥상머리 독서토론을 위한 가장 중요한 핵심 전제는 가족 간의 대화다.

대화를 통한 가족의 소통이 없는 상태에서 자녀의 행복한 독서토론은 불가능하다.

돌이켜 보면 우리의 일상은 매 순간 선택의 연속이다. 선택의 순간, 일방적인 나만의 결정이 아닌 자녀의 생각을, 아내의 생각을, 남편의 생각을 함께 이야기할 때 소통은 시작된다. 여행지를 정할 때도, 놀이를 시작할 때도 우리는 늘 상대방의 생각과 의견을 먼저 물었다. 대화를 통한 소통이 준비되었다면, 가족과 같은 책을 읽고 이야기하는 멋진 시간의 출발점에 이미 들어선 것이다.

책은 마르지 않는 대화를 이끌어 낼 수 있는 가장 유용한 도구다.

나는 행복한 밥상머리 독서토론이 반드시 식탁에서 밥을 먹으며 진행해야 한다고 생각하지 않는다. 가족 모두 저녁밥을 먹으며 토론하면 더할 나위 없겠지만, 그 시간이 허락되지 않는다면 잠들기 전에도, 산책을 하다가도, 맛있는 간식을 함께 먹다가도 책과 관련된 서로의 생각과 의견을 주고받을 수 있다.

행복한 밥상머리 독서토론은 우리의 일상 속에 책을 살짝 끼워 넣어 자신의 생각을 정리하고 서로의 생각을 알아가는 행복한 대화의 연장이다.

가족의 밥상머리 독서토론을 하며 우리가 선택한 방법은 한가지였다. 책에 대한 우리의 생각을 일방적으로 전달하기보다 아이의 생각과 의견을 존중해서 먼저 듣는 것이었다. 계속 질문하고 경청하는 것이 부모의 첫 번째 역할이었다.

밥상머리 독서토론은 아이가 가족과 함께 책을 사랑하고 즐기는 과정에서부터 시작된다. 유아기와 유년기 자녀가 책과 사랑에 빠질 수 있는 다양한 방법들을 살펴보자.

II
책과 놀이

...
읽고 대화하면
생각하고 행동할 수 있다

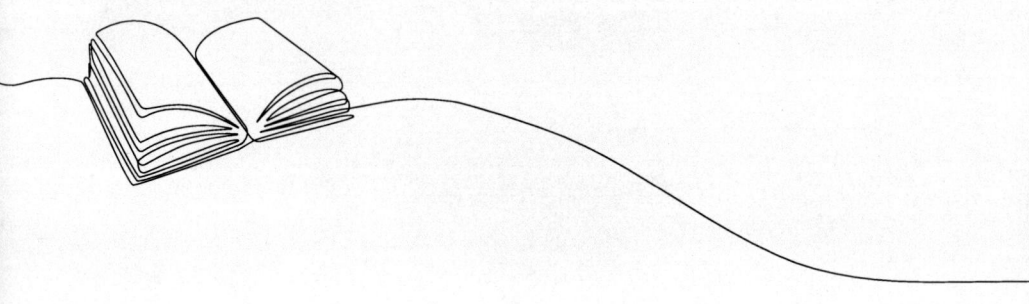

책과 사랑에 빠지는 아이를 원한다면

1. 유아기 책 읽기의 황금시간, 잠자리 대화

　　잠자리 대화법이라고 이름 붙일 수 있을 만큼 아이들은 잠들기 전 자기 속마음을 가장 많이 이야기한다. 낮에는 이야기하지 않던 아이들도 어린이집 생활을 가장 많이 술술 자백하는 황금시간이다. 아직 책을 혼자 읽을 수 없는 아이에게 부모님이 재밌는 그림책이나 동화책을 읽어주고 이야기를 나누면, 아이와 따듯한 마음을 함께 할 수 있다. 유아기 때 책과 관련된 행복한 기억의 시간을 많이 선물해 주자. 어떤 책을 읽느냐 보다 중요한 것은 읽는 사람이 어떤 마음으로 읽어주느냐이다. 유아기 책 읽어주기는 아빠가 아이와 감정을 나눌 수 있는 가장 손쉬운 방법이다. 진심은 통한다. 책 내용보다 아이의 마음에 집중하면 대화할 수 있다. 대화는 밥상머리 독서토론의 출발점이다.

불안을 이야기 하다.

하나를 넣으면 둘이 되는 『요술 항아리』라는 책을 읽고 어린이집을 처음 들어간 아들에게 물었다. 아빠가 둘이 되면 어떻게 할 거야?

진짜 아빠는 나랑 어린이집 가고 가짜 아빠는 쓰레기통에 버린다는 재미있는 답변이 돌아왔다. 가짜 아빠가 좀 불쌍하다고 하자, 진짜가 아니니까 괜찮다고 한다.

이 잠자리 대화의 핵심은 어린이집을 들어간 첫 주, 부모와 함께 가고 싶은 아이의 불안한 마음을 확인하는 것이었다.

어린이집 첫 등원이 그러하듯 초등학교 입학을 앞둔 아이들 또한 설레임과 함께 다양한 형태의 두려움이 있다.

입학 전날 밤, 잠자리에서 갑자기 아들이 심각하게 이야기했다.

"아빠, 나 태어나지 말았어야 했나봐"

너무 놀랐지만 아무렇지 않은 척하며 그 이유를 물었다.

초등학교 들어가면, 수요일에는 밥과 반찬을 하나도 남기지 말고 꼭 다 먹어야 하는데 그날 자기가 진짜 싫어하는 반찬이 나오면 어떡하냐는 8살 아이만의 심각한 고민이었다. 병설 유치원에 다니면 초등학교 급식실을 같이 사용하는데, 급식실 입구에 대형경고문이 적혀 있었다. 규칙과 원칙을 중요시하는 친구들에게는 아무것도 아닌 것이 한없이 크게 다가온다. 갑자기 군대에서 짬을 남기면 좋지 않은 시간을 가졌던 과거가 떠올랐다. 매일 식당에서 보는 대형문구의 두려움을 줄여주기 위해 아빠의 추억을 팔며 그날 밤은 더 오래오래 대화를 나누었다.

친구를 이야기 하다.

친구와 관련된 동화책을 읽어주자 아들은 어린이집 철수라는 친구 이야기를 꺼냈다. 언젠가 놀이터에서 만난 친구들도 모두 철수

이야기를 했다. 정리하면 철수는 아주 심한 장난꾸러기이다. 아들은 철수와 역할 놀이를 자주 했다고 한다.

왜 그랬냐고 물으니, 아무도 철수랑 역할 놀이를 안 한다고 한다. 철수는 친구가 없고 외로워 보여서 그랬다고 한다. 아들을 꼭 안아주었다. 철수는 심한 장난꾸러기 이전에 외로운 아이였다.

음성 교환일기, 하루 일상을 이야기 하다.

책을 읽어주는 것이 힘든 날에는 잠들기 전 불을 끄고, 서로 입으로 쓰는 일기를 나누어도 좋다. 만약 아이가 먼저 하지 않는다면, 아빠가 먼저 하루 있었던 일을 전부 이야기 해 보자. 아이도 어느새 자신의 하루를 미주알고주알 이야기 한다. 녹음기를 이용해서 아이의 마음을 오래오래 간직해 볼 수도 있다.

단체 물총 대전을 했던 날, 교환일기에서는 아빠에 대한 마음을 읽을 수 있었다.

아빠가 괴물로 변해 물총 싸움을 즐기길 원했고 아빠는 아들의 바람대로 괴물이 되어 신나게 함께 놀았다.

이번에는 아빠가 괴물이었으니, 다음에는 다른 아빠들도 괴물이 되어서 친구들과 함께 무찌르자고 했다. 하지만 아들은 다른 아빠가 괴물이 되는 것은 안 된다고 했다.

"아빠는 괴물이 되어도 날 공격하지 않으니까"

책과 부모의 대화가 재미있다고 느낀 아이는 식당을 가거나 여행을 갈 때, 스스로 책을 가장 먼저 챙긴다. 책을 읽고 함께 이야기할 부모가 있기 때문이다.

말을 시작하고 책을 부모님과 함께 읽는 시기, 아이들의 예쁜 말은 폭발한다.

아침에 일어나 한참 자기 심장을 만지던 6세 아들이 질문을 던졌다.

"아빠, 누가 자꾸 쿵쿵 때리는 거지?"

자신의 심장 소리가 낯선 것이다. 아이들의 언어로 심장에 대해 이야기해 볼 수 있는 특급 찬스다. 우리 몸의 신기함을 이야기할 수도 있다. 호기심이 가득한 유년기 시절, 아이의 질문에 귀 기울여 보자.

책을 읽는 양은 아이가 정해야 한다.

한 권을 원하면 한 권을, 서른 권을 원하면 서른 권을 읽어주면 된다. 아이가 원하는 책을 반복해서 충분히 읽다 보니 아이는 어느새 책을 통째로 외우고 있었다. 부모의 목소리를, 부모와 함께한 행복한 시간을 기억하는 것이다.

2. 행복한 책놀이

자녀와 책을 가지고 다양한 놀이 활동을 시작해 보자. 책으로 계단이나 집, 미로, 도미노를 만들거나 책에 나온 내용을 색종이나 각종 교구를 이용해 직접 만들어 보자.

『행복한 눈사람』이라는 책을 읽고 올라프 눈사람을 만들 수도 있고, 김용택 시인의 『벚꽃』을 읽고 시화를 그려볼 수도 있다. 아내 역시 유아기부터 초등저학년까지 아이와 다양한 책놀이를 함께 했다. 독서를 하다 깜빡 졸아서 책을 떨어뜨리는 남편과 아이를 위해 아내는 멋진 헝겊 책까지 만들었다. 한 땀 한 땀 정성으로 바느질했다. 우리 집 책놀이의 시조새는 아내였다. 유년기 책놀이는 가족독서회 엄마와 함께하는 책놀이 편에서 좀 더 자세히 다루겠다.

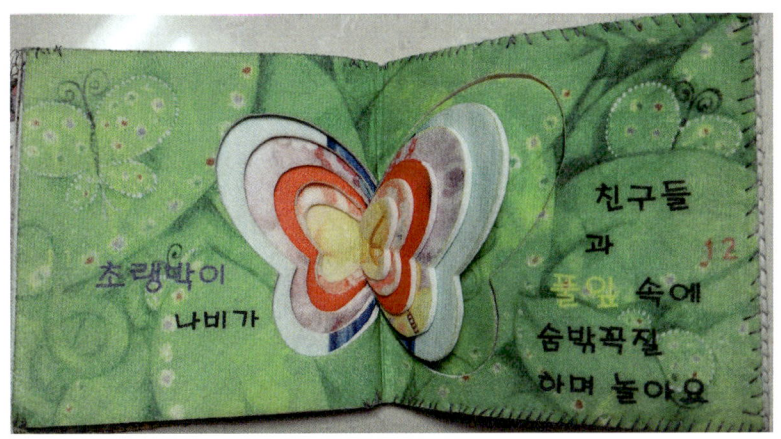

▲ 아무리 떨어뜨려도 다치지 않는 엄마표 헝겊 책

11년이 지나고 헝겊 책을 초등학생 아들에게 건넸다. 오래전 아기가 그랬던 것처럼 이리저리 만지고 들쳐보며 신기해했다.

행복한 책놀이의 핵심은 하나다. 책을 공부와 학습을 위한 지식 습득의 도구가 아닌 순수한 놀이로써 접근하자는 것이다. 책을 처음 시작하는 유아기 친구들에게 가장 중요한 사항이다. 어떤 책놀이가 좋다 그대로 따라 하기보다는 내가 할 수 있는 것, 내 자녀가 좋아할 만한 책놀이를 고민해 보자.

초등학생이 되어 글을 읽을 수 있는 시기가 되면 글자를 있는 그대로 읽는 것이 아니라 자기가 원하는 낱말로 원하는 만큼 바꾸어 보자. 낭독을 함께하며 자기 마음대로 단어나 문장을 바꿔 보는 것은 아주 단순한 놀이임에도 아이들이 굉장히 재밌어한다.

책을 거꾸로 뒷장부터 읽어보는 것도 재밌는 책놀이가 될 수 있다. 거꾸로 읽으면 새로운 이야기가 탄생 된다. 더 단순하게는 책장을 넘겨 나오는 사람이나 동물 숫자대로 책 넘기기 시합을 할 수도 있다. 책을 보물처럼 숨기고 집에서 보물찾기를 할 수도 있다.

책을 이처럼 놀이로만 접근하면 아이들이 책으로 장난만 치지는 않을까 걱정하시는 어른도 있다. 하지만, 책놀이는 아이들에게 책이 함께 하기 좋은 재밌는 친구라는 인상을 주면서 부모와 자녀가 소통하는 또 하나의 시간을 선물한다. 가족 간 소통 없이 어느 날 갑자기 밥상머리 독서토론을 할 수는 없다. 유아기와 유년기 책을 소재로 행복한 책놀이를 함께 하며 교감하는 것이 중요하다. 만약 어렸을 때 못했다면 책놀이는 지금부터 시작하면 된다. 재미가 있으면 아이들은 언젠가 책을 다시 찾고 결국 제대로 읽는다. 반대로 책 재미를 한번 잃은 아이들이 스스로 책을 찾으려면, 훨씬 더 많은 노력과 정성이 필요하다. 부모님이 원하는 책을 아이가 읽기 원한다면, 기다려주는 마음이 필요하다.

책을 놀이로 시작했던 초등학생 아들은 수업이 끝나면 바로 학교 도서관으로 향했다. 학교 도서관이 마감되어 문이 닫혀야 아들은 집으로 돌아왔다.

3. 책 읽기도 이벤트가 필요해

과자집처럼 달콤한 책

호기심과 부모의 관심으로 자라는 영유아들에게 부모의 따듯한 목소리가 섞인 책은 사랑과 교감이다. 유아기 때는 책을 좋아하다가 커갈수록 책을 싫어하는 친구들을 자주 본다. 재밌는 것을 재미없는 것으로 바꾸는 것은 물론 스마트폰이나 미디어의 영향도 있겠지만 가장 큰 이유는 책이 좋으니 무조건 읽으라는 부모님들의 강요 때문이다. 책의 재미를 다 받아들이기도 전에 책을 학습으로 받아들이거나 책을 읽으라고 강요받는 순간, 책의 재미는 반감된다. 아이들이 호기심을 잃는 순간, 책은 더 이상 함께 하고 싶은 존재가 아니다.

재미를 잃은 모든 것은 그저 하기 싫은 숙제일 뿐이다.

책을 더 재밌고 달콤하게 만드는 건 책 읽기를 즐거운 놀이로 접근하는 마음이다. 과자집을 함께 만들어 보고 『헨젤과 그레텔』을 읽어보면 어떨까?

▲ 과자와 크림으로 만드는 달콤한 과자집

환상의 팝업북

아들이 읽는 책의 95%는 도서관에서 대여한 책이다. 책을 스스로 고르고 대출하는 것도 아이에게는 놀이가 되기 때문이다. 하지만 도서관에서는 빌려볼 수 없는 재밌고 신기한 책이 세상에는 너무 많다. 『오즈의 마법사』나 『이상한 나라의 앨리스』와 같은 팝업북은 생일날만 사주는 특별한 선물이다. 책을 펼치는 순간 이상한 나라의 앨리스처럼 환상의 동화 세계로 빠져 들어간다. 어른이 봐도 신기하다.

▲ 이상한 나라의 앨리스

▲ 팝업북의 황제 로버트 사부다 시리즈

산타크로스 책 놀이

받는 것보다 주는 것이 더 좋아

산타 놀이 후, 찰스 디킨스의 『크리스마스 캐롤』이나 오 헨리의 『크리스마스 선물』을 함께 읽어보면 어떨까?

처음부터 산타 놀이를 책놀이로 시작한 것은 아니었다. 그저 아이에게 특별한 크리스마스이브를 만들어 주고 싶은 생각에 고민하다 2017년 우연히 동네 시민단체에서 산타 복장을 하고 사탕을 나눠주는 이벤트에 참가하게 되었다. 크리스마스이브, 처음 보는 거리의 시민들에게 사탕을 하나씩 나눠 드렸을 뿐인데 시민들의 반가움과 호응이 너무 컸다. 메리크리스마스를 외치는 사람들의 따뜻한 손짓에서 가족 모두 부끄러움을 잊고 동네를 구석구석 한참 걸었다.

▲ 첫 만남을 달콤하게, 일일산타 사탕 나누기

행복한 산타 놀이 1년 뒤, 나는 아들의 초등 1학년 반 친구들의 산타가 되었다.

▲ 정체를 알면서도 모른 척, 산타를 반기는 착한 어린이들

선물을 건네기 전 〈아빠학교〉의 꿈 점검표에 착안, 아빠에게 바라는 점을 써보자고 했다. 아이들의 마음이 궁금했다. 4학년도 있어서 한 명쯤은 에이, 그냥 줘요! 할 줄 알았는데 아무도 그러지 않았다. 각자 비밀 편지 쓰듯 방으로 후다닥 흩어졌다. 퇴근 후 아이들의

편지를 받을 아빠들의 미소가 그려졌다.

"저는 아빠가 매일 행복했으면 좋겠어요."
"저는 아빠가 지금 이대로, 영원히."
"저는 아빠가 돈을 많이 벌면 좋겠어요."
"저는 아빠가 정말 정말 좋아요"
"저는 아빠가 힘들지 않았으면 좋겠어요."

두 번의 산타 놀이 후, 아들은 크리스마스에 선물을 받는 것보다 친구들에게 나눠 주는 것이 자신이 원하는 크리스마스라고 했다.

"난 내가 산타가 돼서 좋아하는 친구들한테 선물을 주고 싶어요."

그렇게 매년 크리스마스가 되면, 우리는 친구 집 대문 앞을 방문하는 산타가 된다. 펜데믹으로 지난 1년간은 선물을 문 앞에만 두고 오는 조금 슬픈 산타가 되었다. 그래도 아이는 12월이 되면 행복한 고민을 한다. 이번에는 친구들에게 어떤 선물을 골라서 어떻게 줄 것인가? 문구점이나 슈퍼에 가서 친구들을 위한 선물을 준비하고 포장하면서 아이는 이미 행복하다. 산타크로스 놀이는 가족이 함께 할 수 있는 수많은 일상 중 나와 타인 모두를 위한 행동은 무엇이 있을까를 생각하게 된 첫 번째 계기가 되었다. 주는 기쁨을 아이가 스스로 깨달을 수 있다면 꼭 산타가 아니어도 좋다. 자녀와 내가 즐겁게 함께 할 수 있는 것이 무엇이 있을까 고민한다면 책 이벤트의 형태는 수없이 많다.

    어떤 이벤트를 하느냐 보다 중요한 것은 가족이 함께 준비하고 실행하는 과정에서 행복한 대화의 기회를 가지는 것이다. 어떻게 하면 좋을까를 함께 묻고 답하는 행복한 밥상머리 가족 토론은 언제 어디서든 가능하다.

▶ 친구들아 기다려라.
아빠산타와 아들산타가 간다

4. 도서관과 서점의 행복

　도서관과 서점을 함께 방문하자. 책을 읽으라고 강요하지 말고, 부모는 그저 부모가 책을 고르는 모습을 보여주자. 아이에게는 원하는 책을 고를 수 있는 충분한 시간을 주자. 어떤 책이라도 아이가 일단 집어 들었다면 칭찬을 아끼지 말자.

　물론 서점에서 몇 권을 사는가는 부모의 선택이다. 도서관에서는 아이가 원하는 만큼 빌리지만, 나는 서점에 가면 딱 한 권의 책만 사준다. 한 권이기에 더 소중한 아이는 신중에 신중을 기해 책을 고른다. 〈지혜의 숲〉이라는 멋진 대형서점에서 아들이 고른 책은 『엉덩이 탐정』이었다.

　소장하는 책이니 더 좋은 책을 사면 어떨까 잠시 부모의 마음이 꿈틀대지만, 아들이 선택했기에 나는 군말 없이 아이의 선택을 존중했다. 책에 대한 아이의 선택을 거부하는 순간, 책은 또 한 발자국 멀어진다. 그래도 마음이 놓이지 않는다면 부모가 원하는 책을 아이에게 읽으라고 강요하지 말고 도서관에서 빌려서 무심히 집 바닥에 며칠 동안 깔아 보자. 자녀의 선택을 존중했기에 자녀도 부모의 선택을 존중하는 날이 찾아올 것이다. 아내가 원했던 『빨간 머리 앤』을 아이가 스스로 선택해서 읽기까지 우리는 일 년을 기다렸다.

송파에 있는 〈책보고〉나 〈책 박물관〉, 양평에 있는 가정식 서점 〈산책하는 고래〉는 아이와 부모가 책의 향기를 마음껏 느낄 수 있는 재밌고 멋진 공간이다. 전국에는 책을 일상의 문화로 만든 좋은 서점이 정말 많다. 이동 도서관버스를 이용하는 것도 색다른 재미다. 책을 읽으라고 강요하는 것이 아니라 책의 특별한 향기를 느낄 수 있는 기회를 자주 주는 것이, 자녀가 책을 읽기 원하는 부모의 역할이 아닐까 싶다.

5. 초등 독서 골든벨

아이의 초등학교에서는 매년 독서 골든벨을 했다. 가족이 함께 신청하는 초등 독서 골든벨은 가족이 정해진 책을 미리 읽고 학교에서 다른 가족들과 함께 독서퀴즈대결을 하는 것이다. 퀴즈 방식은 아이들이 선호하는 쪽이라, 부모님의 의지만 있다면 아이들의 참여도는 급상승한다.

무엇보다 독서 골든벨의 장점은 책을 매개로 부모와 자녀가 무언가를 함께 한다는 것이다. 같은 책을 읽고 대회 이전까지 예상 퀴즈도 같이 풀어보자. 결과보다 과정을 즐기는 것이다. 예상 문제를 함께 만들고 며칠 밤 가족 퀴즈대회를 열었다.

정답 스케치북을 올리는 아들의 얼굴에는 비장함이 가득했다. 아이들과 독서토론을 할 때도 논제에 대한 토론에 앞서 책 내용을 파악하는 퀴즈를 하면 재밌어한다.

초등 독서 골든벨 현장에서 내가 부족한 것을 가족이 채워 나갈 때. 함께 속상하고 함께 기뻐할 때, 가족만의 특별한 행복이 찾아온다. 1등은 아니지만 우리 가족은 그날 하나가 되었다. 몇 달 뒤, 우리 가족은 밥상머리에서 매주 가족 독서토론을 하게 되었다. 온라인 방식으로라도 학교에서 다시 초등 독서 골든벨이 부활하기를 바란다.

▲ 가족이 함께 이루어낸 가족 독서 골든벨의 행복

6. 책 벼룩시장과 친구 집 도서관

　아파트, 여행, 온라인, 친구의 집 등 어디라도 좋다. 책을 다양한 사람들과 다양한 공간에서 나누어 보자. 아파트 벼룩시장이나 책을 테마로 한 가족여행에서 책을 사고 팔기도 하고 책을 친구 집에서 조금 더 재밌는 방법으로 서로 빌려볼 수도 있다. 아이와 함께 온라인 중고시장에 책을 사고 팔아 볼 수도 있다. 책을 단순히 읽고 끝내는 것이 아니라 일상생활과 친구 관계로 확장 시키는 것이다.

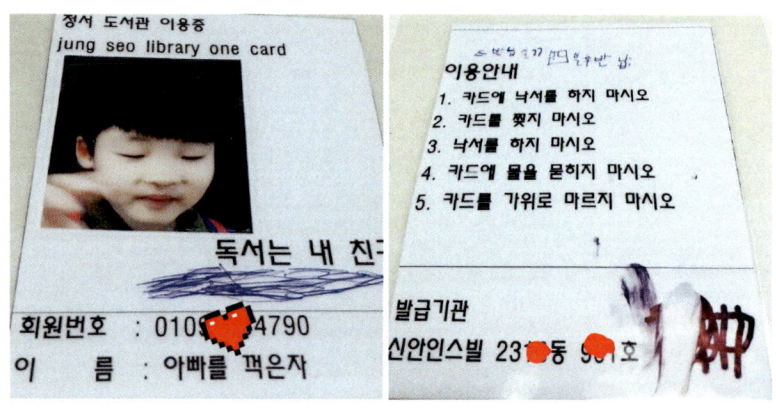

▲ 초등1학년 때 친구와 주고받았던 도서관 카드

디자인도 문구도 아이가 정하게 했다. 친구 집에 있는 책을 서로 빌려주는 카드다. 양쪽 친구 모두 회원증을 발급해서, 친구 집이 도서관이 되고 우리 집이 도서관이 된다. 일상을 특별하게 하는 힘은 즐기고 노는 마음에서 출발한다.

독서 캠핑장의 한 귀퉁이, 서로 주고받는 책 벼룩시장은 아이들의 행복한 야외 도서관이 되었다. 따듯한 봄볕이 책 읽는 아이들의 목덜미를 감싸 주었다.

7. 가족 독서 수기와 가족 독서신문

아내로부터 시작된 가족 독서는 결국 부모가 읽어야 아이도 읽는다는 평범한 진리를 매번 확인시켜 주었다. 아내의 책 사랑이 아들의 책 사랑으로, 아들의 책 사랑이 나의 책 사랑으로 이어졌다. 읽기처럼 쓰기도 마찬가지다.

나는 가족 독서 운영 수기 '책과 사랑에 빠진 꼬마 책벌레'로 최우수상을 받았다. 학교 대표로 선정, 구리 남양주시 교육 지원청까지 지원할 수 있는 자격이 주어졌다. 학교 대표가 되었다는 것만으로 아들은 어깨가 으쓱 올라갔다. 수기를 작성한 것은 나였지만, 가족 독서 활동을 바탕으로 쓴 수기였기에 가족 모두의 상이었다. 초등학교에는 독서와 관련된 다양한 행사들이 연중행사로 있다.

가족이 함께 만든 가족 독서신문도 학교에서 우수상을 받았다.

어느 날 갑자기가 아닌 그동안 해왔던 가족의 놀이 같던 독서 일상이 칭찬을 받자 아내도 나도 아들도 독서에 더욱 집중하게 되었다.

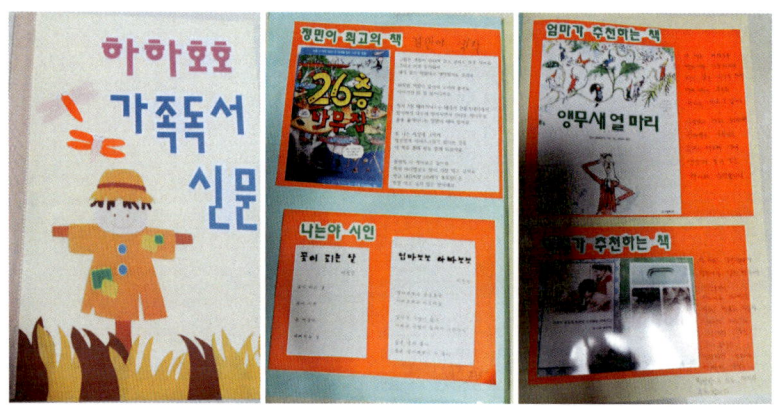

▲ 아들이 제목부터 편집 방향까지 제안한 가족 독서신문

일기처럼 우리 가족에게 독서는 일상이 되어갔다. 가족 독서신문을 만들 때도 엄마 아빠가 일방적으로 만든 것이 아니라 끊임없이 아이의 의견을 물어보며 제작했다. 아이는 신문을 만들며 내내 재

있어했다. 책과 관련된 작은 도전과 실패 성공이 모여 결국 우리 가족만의 밥상머리 독서토론이 완성되어 갔다. 가족이 무엇인가를 향해 함께 도전하는 것은 결과와 상관없이 그 과정만으로도 충분히 가치 있다.

독서신문을 만들게 된 계기는 학교 대회 요강을 살핀 것도 있었지만, 그 이전에 아이와 함께 신문의 재미에 빠져있었기 때문이다.

8. 신문 읽기와 신문 기고

초등학교에 입학한 아들과 퇴근 후 공통의 주제를 가지고 이야기하고 싶었다. 마침 종이 신문을 매일 읽는 내 모습을 보고 아이는 신문에 흥미를 보였다. 그날 어린이 신문을 신청했다. 어린이 신문은 초등 저학년들도 흥미롭게 읽을 뉴스거리가 아주 많다. 아들이 어떤 기사를 흥미롭게 읽나 지켜보았다. 아이가 가장 좋아하는 지면은 월드뉴스였다. 퇴근 후 조잘대는 아이의 행복을 알기에, 기사에서 사설이나 학습 부분을 따로 권유하지 않았다. 언제나 스스로 읽기를 기다렸다. 어느 날 지켜보니 어린이 동아일보 55주년 창간기념호 1면에 초등 2학년 아들이 직접 쓴 기사가 실렸다. 아들이 월드뉴스에 〈방방곡곡상〉을 주고 싶다는 기사를 투고했다.

 어린이 동아를 읽다 보면 마치 세계를 여행하는 기분이 들어요. 우리나라뿐 아니라 세계 여러 나라에서 일어나는 재밌는 사건들을 매일 매일 전해주기 때문이죠. 제가 가장 좋아하는 코너는 '월드 뉴스'입니다. 북미, 아시아, 유럽의 나라에서 열리는 축제, 행사 들을 포착한 사진이 실려서 현장감이 전해져요. 미국에서 열린 진흙 축제에 관한 기사를 보고 '내가 저곳에 있다면 어떨까?'라는 상상을 했어요. 각국의 기념일이나 상징적 인물과 관련된 상식도 얻어 좋아요.
 도널드 트럼프 미국 대통령의 행보도 제 주요 관심사예요. 트럼프 대통령이 현직 미국 대통령으로는 처음으로 북한 땅을 밟았다는 뉴스를 보고 미국과 북한의 관계가 개선되고 있다는 것을 알았어요. 앞으로도 전 세계의 소식을 누구보다 발 빠르게 전해주길 바래요

▲ 어린이 동아일보에 실린 아들의 기사

어린이 신문 구독 때문인지 TV 뉴스를 보지 않아도 우리 가족의 밥상머리에는 세계의 신기하고 재미난 일들이 넘쳐난다. 부모에게 뉴스를 전달해 주는 아들은 신나 있다. 가끔은 정치 이야기도 언급된다. 정치 기사는 언론사와 기자의 시선에 따라 다양한 해석이 가능할 수 있다고 이야기해 줄 뿐, 어떤 정치가가 좋은 정치를 하고 있는지는 아들의 판단에 맡긴다. 어린이 기자가 되어 한 편의 기사를 써보는 것, 기고했던 글이 선정되었을 때의 기쁨을 함께 누려 보는 것, 짧은 신문 기사 한 줄만으로도 가족의 저녁 시간은 더욱 풍성해졌다. 어버이날 선물로 받은 특별한 신문 기사도 기억에 남는다. 어린이 신문에 기고를 해서 선정이 되면 신문사로부터 인터뷰 요청이 들어온다. 인터뷰를 하는 아들의 얼굴은 상기되어 있었다. 자신의 기사가 실리고 아들은 더 열심히 신문을 읽었고 식사 시간 아들의 신문 수다는 더 많아졌다.

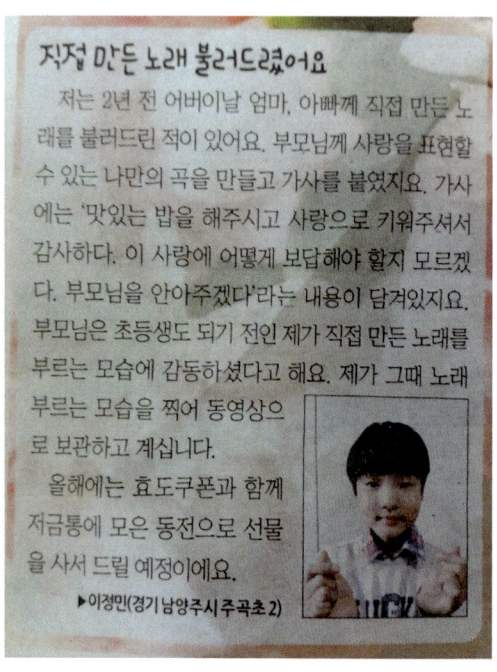

▲ 어버이날 선물로 신문 기사를 선물한 아들

독서토론을 진행해 보면 찬반 토론만큼 토론을 활성화 시키는 것도 없다. 신문에는 찬반을 나누어 토론할 수 있는 기사가 아주 많다. 책을 읽고 아이와 독서토론을 하는 것이 부담스럽다면 신문을 함께 읽고 아이가 선택한 주제로 가족 대화를 시작해 보자.

9. 편지 대회와 독후감 대회

부모도 아이와 함께 편지쓰기에 도전해 보면 어떨까? 위에서 언급한 모든 책놀이의 핵심은 결국 부모가 함께 하는 것이다. 매년 굿네이버스는 학교와 연계해 희망편지쓰기 대회를 개최한다. 아들과 나는 미나에게 편지를 함께 썼다. 미나의 꿈을 함께 응원하며 아들은 선생님이 된 미나를 편지 한구석에 그렸다.

아들의 편지

미나야 안녕, 나는 주곡초 3학년 정민이야. 네가 굴 담배 공장에서 8시간동안 매일 일한다는 말을 듣고 많이 놀랐어. 너보다 1살이 많은 나도 1시간조차 못할 것 같은데, 네가 8시간이나 거기서 일한다는 게 너무나 신기하고 대단해 보였어. 네가 그 고단한 일을 하고도 야간공부방에 갈 수 있다는 게 새삼 대견해 보였어. 앞으로도 시련이 다가오지만 너에게는 꿈과 희망이 있으니 잘 견뎌낼 수 있을 거야. 네가 힘들 땐, 힘들 때가 있으니 즐거울 때도 있는 거라고 긍정적으로 생각하렴. 미래에 네 꿈을 이루어 낼 너를 내 마음속으로 응원할게. 그럼 안녕.

아빠의 편지

눈이 너무 예쁜 미나야. 많이 힘들지? 그동안 너무 애썼어. 아저씨가 네 옆에 있다면 꼭 안아주고 싶다. 미나야 아저씨는 확신해. 미나는 세상에서 제일 좋은 선생님이 될 거야. 아저씨는 미나의 학생이 되고 싶다. 아프지 말고 꼭 그렇게 되도록 아저씨가 응원할게.

우정사업본부에서도 대한민국 편지쓰기 대회를 개최한다. 초등

부부터 일반부까지 해마다 주제는 다르다. 책을 읽고 장문의 독후감을 써보는 것도 물론 좋지만 가족 모두 편지로 누군가에게 자신의 마음과 생각을 전해본다면 수상 여부를 떠나서 의미 있고 가치 있는 밥상머리 대화가 될 수 있다. 엄마도 아빠도 아들과 함께 쓰며 도전을 함께 한 날, 서로의 편지 내용에 대해 대화를 이어갔다. 초등 3학년 아들과 나는 입상 하지 못했다. 나는 함께 떨어진 자로서 아들의 도전을 힘껏 응원했다. 아들은 자기는 떨어지고, 엄마 혼자 일반부 한국 우편 사업진흥원장상을 수상해서 매우 속상해했다. 엄마가 수상을 할 때 아들의 눈에 살짝 이슬이 맺혔다. 나의 추측이지만, 그것은 기쁨의 눈물보다는 쓰디쓴 패배의 눈물이었다. 나는 시상식이 끝나고 아들을 꼭 안아주었다.

그 슬픔을 잊지 않았기에 아들은 2020년 남양주시 북택트 독후감 공모전에 도전했고, 『치킨』 / '닭이 편히 죽을 날을 기다리며.'로 초등고등부 우수상을 수상했다.

수상하지 못해도 다시 도전하게 하는 원동력은 부모의 격려와 칭찬일 것이다. 나는 낙방한 아들의 편지를 응원하기 위해 한동안 가족 밥상머리 토론에서도 아들이 쓴 진화론과 창조론에 대해 각자의 입장을 한참 동안 이야기했다. 그 당시만 해도 아들은 자신의 주장에 확신을 갖고 있었는데 몇 년이 지나 자신의 편지를 다시 읽어보더니 '어? 내가 왜 이렇게 썼지?' 하면서 배시시 웃었다. 밤에 쓴 연애편지를 아침에 다시 읽는 느낌이었나 보다.

아래 편지는 진화론에 흠뻑 빠졌던 10살 아들이 교회 다니는 친구에게 자기 생각을 설파한 글이다.

2019년 초등 3학년 아들의 대한민국 편지쓰기

〈 창조론과 진화론, 그 중간〉

- 친구에게
- 친구야 안녕, 나 정민이야.
- 너는 교회를 다녀서 하느님이 만물을 창조하셨다고 생각하는 창조론자이고, 나는 인간이 미생물에서 진화했다고 생각하는 진화론자잖아.
- 내가 진화론이 맞다고 생각하는 가장 큰 이유는 두 가지야.
- 첫째, 창조론자들은 하느님이 만물을 창조하기 전에 처음부터 있

었다고 하잖아.

- 그렇다면, 하느님은 어디서 온 걸까?
- 둘째, 창조론이 맞다고 가정하면 화석은 왜 생긴 걸까?
- 그 원인에 대해 어떤 사람들은 하느님이 생물을 만들다 잘못 만든 것을 버린 것이라고 하고, 또 다른 사람들은 노아의 홍수 때 배에 오르지 못한 동물들의 뼈라 주장하지.
- 물론 이 의문에 대한 창조론의 설명이 맞다면, 나는 그중 전자를 선택할 거야. 왜냐하면 후자가 맞다면 물고기 화석이 있을 이유가 없어지잖아.
- 물론 나도 진화론 중 이해가 안가는 부분이 있긴 해.
- 첫째, 진화론은 우주가 '빅뱅'이란 대폭발 때문에 생겨났다고 하잖아.
- 그렇다면 빅뱅은 어떻게 일어난 걸까?
- 그게 여차여차해서 일어났어도 어쩌다가 화산 폭발이 일어나고 어쩌다가 미생물이 생겨났는지, 그 점은 나도 이해가 잘 안가.
- 둘째, 진화론에서는 최초의 여자가 루시라고 하는데, 루시가 나타나기 전에는 어떻게 인간이 많아졌을까? 즉 세상에는 여자가 없고 남자밖에 없었는데 대체 그 많은 인간은 어디서 나왔냐는 거야.

- 남자와 남자가 아기를 만들 수는 없잖아.
- 이점에 있어서는 오히려 창조론에서 이야기하는 것처럼 아담과 이브가 최초의 인간이고, 그 둘에서 퍼져나갔다는 것이 더 설득력이 있어.
- 창조론도 이렇게 설득력이 있지만, 결국 내가 진화론을 선택한 이유는 뭔가 창조론은 판타지 영화처럼 비현실적이기 때문이야.
- 하지만 창조론이든 진화론이든 두 가지 모두 인간의 추측일 뿐이야. 어쩌면 다른 설이 나타나 모든 결과를 뒤집을지도 몰라.
- 내 편지를 읽으니 너의 생각은 어떠니?
- 나는 앞으로 이 난제가 해결되면 좋겠어.
- 50년이 지나, 10살 우리가 어느새 할아버지 할머니가 되면 이 두 가지 주장과 전혀 다른 주장이 나올지도 몰라. 왜냐하면 창조론과 진화론 모두 지금까지 확인된 사실만으로 이루어진 주장이니까.
- 뭐 물론 50년 전후로 그게 증명될 수도 있지만 안 될 수도 있어.
- 하지만 그것은 중요하지 않아.
- 앞서 밝힌 대로 나는 단지 이 난제가 해결되기를 바랄 뿐이야.
- 혹시 아니?
- 우리가 편지를 계속 주고받다 보면 이 문제를 해결할지.

- 너도 더 생각해봐.
- 그럼 안녕

10. 책으로 떠나는 여행

경기 독서캠핑

경기도와 경기콘텐츠진흥원은 매년 가족과 함께하는 경기 독서캠핑을 개최한다. 독서와 캠핑이 결합된 여행인데, 캠핑 장비와 음식을 제공한다. 책 레크레이션부터 작가의 북 콘서트 까지 책과 관련된 다양한 프로그램을 제공, 아이들이 여행을 즐기며 부모님과 함께 자연스럽게 책과 친해지는 시간을 갖는다. 천체망원경으로 별과 달을 살피고 가족이 함께 책을 읽으며 행복한 시간을 만들어 낼 수 있는 정말 매력적인 여행이다.

별난 가족 단체 독서캠핑

경기 독서캠핑 1.2회를 참가자로 참여한 나는 독서캠핑의 매력에 흠뻑 빠져, 가족 단체 여행을 함께 했던 즐거운 아빠들에게 우리들만의 별난 가족 독서캠핑을 제안했다. 가족 모두 흔쾌히 받아주셔서 파주별난독서캠핑장에서 2018년과 2019년, 두 번의 가족 단체 독서캠핑을 주관했다. 함께 공부했던 백은하 동화작가에게 캠핑장 내 독서 강연을 부탁드렸더니 즐거운 책 여행의 취지를 이해하시고 흔쾌히 맡아 주셨다. 재밌는 책 놀이와 강연이 이어졌다. 두 아이의 엄마이기도 한 작가님은 다양한 연령이 있었음에도 아이들의 눈높이에서 열강을 해주셨다. 『녀석을 위한 백점 파티』는 아이들의 생각과 이야기를 엿볼 수 있는 시간이었다. 아무것도 모르는 동생들도 형과 언니를 따라 기웃거렸다.

▲ 별난독서캠핑장에서 진행된 백은하 동화작가의 독서 강연

아침이슬과 따사로운 햇살을 맞으며 아이들은 집에서 각자 가져온 중고 책을 함께 나누었다. 누구도 책을 읽으라고 강요하지 않았다.

▲ 가족들이 캠핑장에 만든 일일 중고 책 장터

경기도에서 주관했던 경기 독서캠핑만큼 프로그램이 화려하지는 않았지만, 책을 주제로 가족 단체여행이 가능하다는 것은 참으로 매력적이었다. 폐교가 된 분교를 도서관과 캠핑장으로 꾸민 파주별난독서캠핑장. 아이들은 그렇게 가족여행 속에서 책을 친구로 만났다. 파주별난독서캠핑장 안에는 작은 독서관이 있다. 11월의 쌀쌀

한 바람 때문인지 아니면 참석한 부모님들의 사전 홍보 덕분인지 아이들은 운동장에서 뛰어 놀다 하나둘씩 스스로 도서관으로 들어왔다. 당시 캠핑장 전체를 대관한 상황이었고 관계자분들과 사전 협의가 되어 있어서 아이들은 도서관에서 자유롭게 수다를 떨 수 있었다. 수다를 떨 수 있는 도서관은 아이들에게 어느새 또 다른 놀이터가 되었다. 자기 마음대로 책을 고르고 2층 다락방에 누워서 혹은 쇼파에 기대어 책을 함께 보며 키득거렸다. 창밖에서 그런 아이들을 바라보는 부모님들의 얼굴에는 웃음이 가득했다. 함께 들어와 책을 펼치시는 부모님도 계셨다. 수년이 지났지만 아들은 책이 빛나는 그 밤 친구, 동생. 형 누나와 자유롭게 책을 읽고 이야기를 나누었던 시간을 뚜렷이 기억 한다. 우리나라에 책 수다를 소곤소곤 떨 수 있는 어린이 도서관이 많아졌으면 좋겠다. 그런 바람으로 우리는 북스테이를 자주 떠난다.

마음의 쉼표, 북스테이

우리 가족의 생애 첫 번째 북스테이는 양평에 있는 〈산책하는 고래〉였다. 친구 가족의 권유로 시작한 북스테이 여행은 마음의 쉼표가 되었다. 게으름 피우며 책과 친구와 뒹굴 거리는 여행. 책방에 들어서자 기분 좋은 커피 향과 함께. 작고 아담한 소품들이 나를 반겼다. 이곳은 세상에서 가장 따뜻한 엄마 고래의 뱃속 같았다.

▲ 북스테이 산책하는 고래에서 선비가 된 아들

가족들은 어느새 책 냄새에 이끌려 하나둘씩 모여들었다. 난로 때문인지, 이곳을 채운 사람들의 마음 때문인지 나는 점점 데워져 갔다. 나는 내가 그동안 다녔던 그 어떤 여행보다 행복했다. 왜 이렇게 기분이 내내 좋을까 궁금했는데, 새벽 2시까지 잠들지 못하고 그곳에 방명록을 쓰며 알았다.

북스테이는 나를 돌아보게 했다. 아들이 있어 나는 북스테이를 처음 알았고, 갈 수 있었다. 짧은 시간이지만, 그곳에 있는 동안 나는 여드름 많고 책 읽기 좋아하던 15살이 되었다. 책이 내 삶에 가장 훌륭한 소품이 될 수 있다는 것을, 다 읽지 않아도 제목만을 천천히 읽어보아도, 행복해질 수 있다는 것을 아내와 작은 조명 아래 책을 마주 앉아 읽으며 하루를 지나며, 알아버렸다. 이곳에서 내가 읽은 최고의 책은, 이곳을 만난 사람들이 남기고 간 방명록이었다. 각기 다른 글자체에서, 그리고 그들이 써 내려간 잔잔한 행복의 한 구절 한 구절이 책 냄새, 커피 냄새와 함께 내 마음을 흔들어 놓았다. 마음의 쉼표가 필요할 때마다 우리 가족은 전국의 북스테이를 찾아 떠난다.

▲ 친구와 함께하는 즐거운 북스테이 시간

〈산책하는 고래〉에서 아들이 고른 야공만, 『야밤의 공대생만화』는 1년 동안 아들을 간지럽혔다. 읽을 때마다 웃음을 참지 못한다. 북스테이가 끝나고 나는 아내의 제안대로 북스테이에 있던 아주 긴 테이블을 사서 거실을 가득 채웠다. 일상의 북스테이를 시작했다. 3년 전 야공만을 시작으로 우리 부부는 아들 책을 읽지 않아도 이제 내용을 얼추 다 알 수 있다. 자기가 읽은 책 중 재밌는 책은 처음부터 끝까지 밥상머리와 일상에서 쉼 없이 이야기해주는 12살 소년이 있기 때문이다.

북스테이를 끝낸 초등2학년 아들의 방명록

2018.12.22. [2학년]

- "이곳은 아주 아름답고 커다란 곳이었다. 특히 크리스마스와 가까워서 기분도 마음도 좋았다. 이곳은 마음을 맑게 해주는 장소다. 멋지고 신비하고도 크다."
- 꽃보다 산책하는 고래

2019.8.2. [3학년]

- "여기 와서 좋은 책을 보고 나니 나 자신을 다시 만난 기분이 들어 아주 좋다."

이렇게 시간의 흐름에 따라 스스로 자라나는 아이를 보는 것은 부모로서 무엇과도 비교할 수 없는 행복이다. 앞으로도 중학생, 고등학생이 되면서도 책과 함께 아이가 스스로를 돌아볼 수 있다면 이보다 값진 유산이 있을까?

아름다운 도서관이나 서점처럼 전국에는 다양한 형태의 북스테이가 있다. 코로나 이후 산책하는 고래의 북스테이는 가정식 예약제 책방으로 바뀌었다. 주어진 시간은 온전히 우리 가족만의 책방이 된다. 언젠가 아들이 사랑하는 사람과 이곳을 다시 산책하는 그런 날을 꿈꿔본다. 엄마 아빠와 함께 느꼈던 그 날의 책 향기와 따뜻한 햇살을, 누군가와 함께 나눌 수 있기를… 그날의 방명록에는 아들의 어떤 이야기가 담길지 벌써부터 궁금해진다.

초등 아빠의
행복한
밥상머리 독서토론

III 행복한 독서토론

...
읽고 대화하면
생각하고 행동할 수 있다

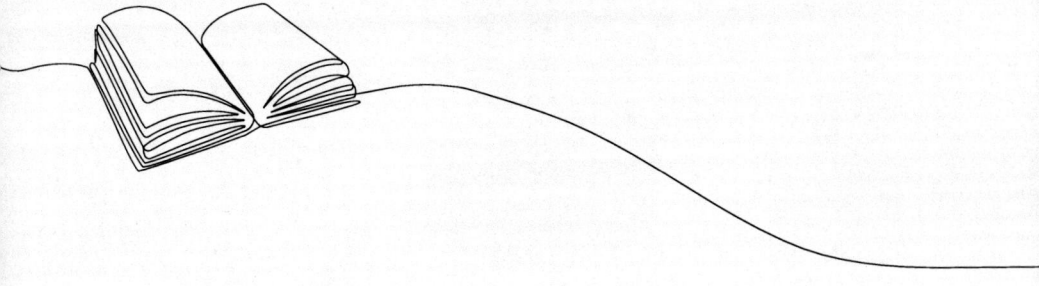

1부
즐거운 친구독서회

1. 초등 온라인 독서토론을 시작한 이유

코로나19라는 펜데믹은 우리의 모든 일상을 집어삼켰다. 학교는 찬반의 논란과 시행착오 끝에 온라인으로 전환되었고, 단체여행과 친구들의 만남은 사라져 버렸다. SF 영화는 좀처럼 끝나지 않았다. 아이들에게도 뭔가 돌파구가 필요 했다. 나는 평소 독서에 관심이 많았던 아들의 친구 부모님에게 온라인독서회를 제안했다. 처음 출발은 아들과 친구가 마음 편히 만나 실컷 수다를 떨었으면 하는 아빠의 마음이었다. 아들은 아빠의 성인 온라인독서회를 지켜봤고 자기도 아빠처럼 친구와 책 수다를 떨고 싶다며 흔쾌히 허락했다.

　　2주에 한번 zoom을 이용, 날짜를 정해서 친한 친구끼리 온라인 독서토론을 하자고 했다. 하지만 펜데믹 초기 학교 온라인 수업에 지친 친구는 선뜻 나서지 못했다. 한번 해보고 재미없으면 그만두자는 배수의 진을 치고 제1회 친구독서회가 시작되었다. 결전의 날이 다가왔다. 내가 선택한 방법과 목표는 하나였다. 첫째도 둘째도 셋째도 '아이들에게 즐거운 대화 시간을 선물하자.'었다. 책으로 재밌게 놀아보자는 것. 결과는 대성공이었다. 한 달이 지나자, 친구는 2주 간격이 아닌 1주 간격으로 하면 안 되냐고 물어왔다.

2. 초등 온라인 독서토론 운영을 위한 열 가지 방법

<u>첫 번째,</u>
네이버 밴드와 같은 친구들만의 온라인 공간을 만든다.

독서토론 모임 이름을 정하는 것부터 참여하는 친구들의 추천을 받아 결정하면 좋다. 어떤 일이든 주도권을 잡으면 애정이 생긴다. 책과 토론 모두 학습이 아닌 놀이로 접근할 때 가장 큰 효과를 불러일으켰다. 온라인 수업에 익숙한 아이들은 밴드 내 자신늘의 아이디를 정하는 것부터 재밌어한다. 매주 아이디 명을 바꿔가며 자기들끼리 키득거린다. 만들어진 온라인 공간에는 사회자가 독서토론과 일정, 링크 주소, 선정된 책을 게시한다. 수많은 화상 프로그램이 있지만 zoom이 가장 많은 기능을 가지고 있다. 학교 수업에 평소 활용되고 있어서 아이들에게 반응이 가장 좋다.

밴드와 같은 온라인 공간이 생기면 아이들의 발제문은 차곡차곡 쌓이게 된다. 토론 후 서평까지 쓴다면 더할 나위 없겠지만, 서평 쓰기가 힘들다면 zoom의 녹화기능을 이용해 보자. 밴드에 토론 영상을 공유해서 자신들의 생각과 대화를 다시 돌아볼 수 있다. zoom의 주석기능이나 채팅창. 자료공유 기능을 적절히 활용하면 오프라인 토론보다 오히려 아이들의 토론 관심도를 더 끌어올릴 수 있다. 시간이 지나면 아이들은 온라인 공간에서 자신들의 일상과 농담을 주고받으며 즐거운 추억을 쌓아간다.

두 번째,

모임 초기 어떤 책을 선정하는가?
자녀들이 좋아하는 책이 토론모임을 지속할 수 있는 첫 번째 요건이다.

처음부터 부모님의 욕심으로 초등학생 추천 도서나 너무 어려운 책을 선정하면 아이들은 금방 흥미를 잃거나 온몸으로 거부한다. 자발성이 떨어진 일은 오래가지 않는다. 책이 재미없으면 아이들은 첫째 온전히 읽지 않고, 읽지 않으면 토론은 진행할 수 없다.

내가 선택한 방법은 토론모임 초기에 책 선정을 철저히 아이들에게 맡긴 것이다. 한 사람씩 돌아가며 자신이 평소 좋아하던 책을 선정한다. 모임을 시작하는 초기에는 어떤 책이든 관계없다. 아이들이 재밌어야 온라인 독서회는 유지될 수 있다. 물론 아이들이 온라인 독서회에 빠져들면 그 이후는 부모님이 추천하는 책을 끼워 넣을 수 있다. 친구독서회가 회를 거듭하자 아들이 다음과 같이 이야기했다.

"오락적인 책은 읽을 때 재미는 있는데 막상 발제문을 작성하려고 하면 딱히 쓸 말이 없어요."

참여하는 아이들 모두 온라인 독서회에 충분히 재미를 느끼고 스스로 책 선정에 대한 고민이 커지자, 나는 내가 선택한 책을 아이들에게 추천했고 지금은 아이들과 내가 같은 비율로 책을 고른다. 단편 고전소설은 초등 고학년이면 충분히 접근할 수 있다. 초기 책 선정의 주도권을 아이들에게 맡겨 즐거움을 유지하면 시간이 지나 더 알찬 독서회로 발전시킬 수 있다.

세 번째,
참여하는 친구들이 각자 발제문을 미리 써서 밴드에 공유한다.

2,3일 전에 공유하면 가장 이상적이나 초등학생 친구들에게 그런 일은 잘 일어나지 않는다. 당일 올리는 것으로 만족하자. 한 개만 써도, 짧게 써도 일단 칭찬하자. 일단 시작이 중요하다. 발제문을 쓴 친구들에게는 칭찬을 아끼지 말자.

네 번째,
토론 시작 때 책과 관련 없는 일상의 이야기로 아이들의 입을 풀어주자.

　온라인이다 보니 시작하자마자 책 이야기를 하면 아이들은 경직되고, 경직되면 자신의 생각을 표현하기 힘들어진다. 어떤 일상이든 아이들과 관련된 이야기를 하자. 아이들이 어떤 말이라도 하면 토론은 시작될 수 있다.

다섯 번째,
발언의 기회는 공정하게, 사회자의 다양한 역할

　독서토론은 책이라는 수단을 통해 각자의 생각과 마음을 나누는 자리이지 말 잘하는 친구의 이야기나 사회자의 이야기를 일방적으로 듣는 자리가 아니다. 모두의 이야기를 들어보는 것은 아이들의 자존감과 함께 토론 참여도를 끌어올릴 수 있다.
　하고 싶은 이야기가 많지만 부끄러움 때문에 선뜻 말을 시작하지 못하는 친구가 있다. 사회자는 그런 친구들의 발언권을 보장해 주어야 한다. 거꾸로 할 말이 너무 많은 친구들이 모여서 오디오가 겹치면 온라인 토론은 불가능해진다. 초등학생의 특성을 감안해서 발언의 순서가 스스로 지켜질 때까지는 사회자인 부모님이나 선생님이 전체 음 소거를 시키고 아이들에게 발언의 순서를 정해주어도 된다. 온라인 독서회는 특성상 외부 소음이 생기면 토론의 집중도를 방해한다. 물론 적극적으로 이야기를 먼저 시작하는 친구들이 있다면 먼저 듣는다. 누군가 첫마디를 꺼내는 것은 매우 중요하다. 첫마디를 꺼내는 친구에게 역시 특급칭찬을 하는 것, 잊지 말자.

단, 아무도 말하지 않는다면 발제문을 번갈아 가면서 읽고 답하자. 발언의 기회는 자연스럽게 공정해진다. 토론에 정답은 없다. 아이들이 스스로 자신의 생각을 자기의 논리로 풀어나가 스스로 해답을 찾을 수 있도록, 사회자는 답이 아닌 경청과 질문에 집중해야 한다. 다만, 논제에 대한 아이들의 의견이 모두 동일하다면, 사회자는 반대쪽 의견을 제시해서 아이들과 찬반 토론을 진행해 보는 것도 좋은 방법이다.

여섯 번째,
발제문은 사회를 맡은 부모님이나 선생님도 함께 참여한다.

앞서 밝힌 데로 참여하는 아이들이 발제문을 작성하는 것은 토론을 위한 기본이다. 발제문 없이 아이들에게 책 이야기를 하라고 하면 '재미있다' 혹은 '재미없다'로 싱겁게 끝날 수도 있다. 그런데 아이들이 발제문을 작성하게 되면 책을 읽을 때도 토론을 할 때도 더 적극적인 자세로 바뀐다.

발제문은 결국 자신이 궁금하거나 자신이 하고 싶은 이야기를 쓰기 때문이다. 다만 초등학생 아이들에게 처음부터 끝까지 전적으로 발제문을 모두 맡기면 독서토론이 단순히 내용을 파악하는 퀴즈 문제로 전락할 수도 있다. 책 선정의 주도권을 주고 아이들에게 발제문을 작성하게 하되 사회를 맡은 부모님이나 선생님이 발제문을 함께 작성하면 한층 더 깊이 있는 토론을 진행할 수 있다. 발제문은 특별한 것이 아니다. 책을 읽고 다른 사람과 나누고 싶은 내 생각과 의문을 적으면 된다.

온라인 토론 초기에는 특히 사회자의 발제문이 절실히 필요하다. 발제문을 어떻게 써야 하는지 아이들은 모른다. 아이들을 위한 예시가 필요하다. 다음 장에서 실제 아이들의 발제문과 아이들을 위한 아빠의 발제문을 함께 제시해 보겠다.

발제문 순서는 아이의 재밌고 가벼운 발제문을 시작으로 해서 사회자의 좀 더 깊이 있는 발제문으로 이어지는 것이 좋다. 마지막 순서는 다시 아이들 발제문으로 마무리하면 즐거운 기억으로 토론을 마무리 할 수 있다.

일곱 번째,
토론을 할 때 특급칭찬이 필요하다.

온라인상에서 누군가에게 자신의 생각을 이야기 하는 것은 결코 쉽지 않다. 망설임 속에서도 아이가 이야기했다면 엄청난 용기를 낸 것이다. 맞고 틀림을 생각하지 말고 일단 칭찬하자. 사람마다 각자의 신념과 가치관에 따라 다른 의견을 가질 수 있음을 인정해야 한다. 사회자가 아이들을 인정해야 아이들도 다른 친구들의 이야기를 인정할 수 있다. 아이들의 이야기에 반론이나 보충이 필요하다면 아이들의 이야기를 충분히 존중해서 나의 주장을 펼치면 된다. 비판이 아닌 비난이 시작되는 순간, 아이들은 입을 다물게 된다.

여덟 번째,
**온라인 독서회가 끝나고 30분정도라도
아이들에게 자유 대화 시간을 배정한다.**

　게임 이야기든 연예인 이야기든 뭐든 좋다. 토론이 끝나고 자기들끼리 신나게 웃고 떠들면 다음 독서회는 더욱 기다려진다. 이때 사회자는 빠지는 것이 좋다. 결말이 행복하면 아이들은 전체 시간을 더 행복하게 느낀다. 자유 시간에도 물론 아이들끼리 그날의 책 이야기를 더 나눠 준다면 더할 나위 없겠지만, 그런 기적은 아주 가끔씩만 일어난다.

아홉 번째,
온라인 토론이 모두 끝나고
책에 대한 생각을 정리하게 한다.

　혼자 책을 읽고 쓰는 것도 좋지만, 독서토론 후 바라보는 책은 달라질 수 있다. 지나친 독후감 강요는 독서토론을 오히려 망칠 수도 있다. 아이들의 특성에 맞추어서 진행하는 것이 좋다. 독후감이 어렵다면 가족 독서회로 이끌어 가족들과 대화하며 스스로 생각을 정리하는 밥상머리 독서토론을 진행해 보자.

열 번째,
가족이 서평을 함께 쓰고
독후감 대회에 도전해 보자.

　가장 힘든 단계이긴 하지만 책을 읽고 서평을 쓰면, 온전히 나만의 책으로 거듭난다. 적극적인 발제와 토론, 그리고 서평을 작성하는 것이 내가 많은 독서회에서 얻은 최고의 독서토론 방법이었다.

책을 읽고 다른 사람과 충분히 대화했다면, 마지막 순간은 자신과 한 번 더 대화해 보는 것이다. 아빠의 서평 쓰기는 어느새 아들의 서평 쓰기로 이어졌다. 일방적으로 쓰라고 하는 것보다 부모가 쓰는 모습을 자주 보여줘야 한다. 서평을 자주 쓰면 독후감 대회가 있을 때, 좀 더 쉽게 도전해 볼 수도 있다. 작은 도전과 시도가 모여 더 큰 도전을 이룰 수 있다. 자녀가 작성한 독후감이 대화의 소재가 되어 밥상머리 독서토론으로 다시 이어질 수 있다. 다음은 가정 폭력을 다룬 작품을 읽고 쓴 아들의 독후감이다.

어항에 사는 소년 / 강리오 지음

어둠 속의 빛 / 이정민

    이 책은 학대받고, 억압받는 어린이의 이야기이다. 주인공 영유는 알코올 중독에 빠진 엄마에게 폭행당하는, 빛이라곤 물고기 '스핀' 밖에 없는 어두운 삶을 산다. 그러던 중 동갑 친구 현재를 만나 새로운 빛을 얻는다.

하지만 친구라는 빛이 생겨도 짙은 어둠은 쉽게 사라지지 않는 법.

계속되는 엄마의 폭행에 영유는 결국 집을 나간다. 사실 나라도 홧김에 집을 나왔을지도 모르겠다. 그러나 현재를 괴롭혔던 쌍패들에게 같이 데려온 스핀마저 빼앗길 위기에 처한다. 다행히 친하게 지내던 중국집형이 도와주며 가까스로 위기를 모면한다.

영유는 동굴의 암흑 같은 삶을 산다. 그 안에서 스핀은 자그마한 촛불이다. 그리고 친구 현재와 중국집형은 횃불 같은 존재이다.

중국집형이 과거 햄버거 집 누나에게 받은 선행을 영우에게 돌려주는 것은 마치 나비의 작은 날개 짓이 토네이도에 영향을 준다는 이론과도 같다. 여러 나비가 날개 짓을 하면 커다란 토네이도를 만들 수 있듯, 한 선행이 누군가에게 이어지며 선행의 바퀴가 된다. 그 바퀴가 모여 희망을 만들어 낸다.

촛불과 횃불의 온도가 비슷한 것처럼 영유도 스핀을 친구 현재와 중국집형 만큼이나 아낀다. 친구의 소중함이 느껴지고 친구마다 다른 점이 있더라도 모두 같다는 것을 새삼 느낀다. 나도 누군가에게 현재나 중국집형 같은 친구가 되고 싶다.

엄마는 왜 영유를 집이라는 어항에 가두고 때린 걸까?

엄마는 회사에서 퇴짜를 맞고 일자리를 잃어 삶이 적막하다. 마치 엄마는 사회로 인해 무너지는 동굴 같다. 어쩌면 엄마도 사회의 희생양이다.

그래서 모든 어둠을 엄마가 만들었다고 생각하기보다는, 무조건 엄마를 나쁜 사람으로 단정짓기 보다는, 보다 나은 시선으로 엄마를 바라보고, 사회 속에서 매장된 고단한 부모로 받아들이는 것이 좋겠다. 물론 아무리 그래도 영유를 향한 엄마의 폭력은 크게 잘못되었다.

영유가 이 세상에 존재하지 않았어야 한다고 말한 것, 영유와 함께 죽으려 한 것은 영유의 인권을 심각하게 침해하고, 영유의 존재 그 자체를 경멸하는 것이다. 이 책에서의 엄마는 선인으로도, 악인으로도 단정 지을 수 없는 특이한 인물이다.

나는 평소 엄마라는 단어를 떠올려 보면 무조건적인 사랑과 따뜻함이 생각난다.

그러나 『어항에 사는 소년』에서의 엄마는 경멸과 폭력의 상징이다. 영유 엄마는 내가 생각하는 부모의 모습과는 사뭇 다르다.

슬픈 사실은 이 이야기가 결코 지어낸 글이 아니라는 것이다. 여러 어린이들이 영유와 같은 현실에서 살아가고 있다. 이 책으로 인해 많은 어린이들이 영유처럼 한 줄기 희망과 빛을 찾아가면 좋겠다.

3. 초등 독서토론의 장점

나에게 책과 토론은 육아가 그러했듯 철저히 놀이와 소통의 연장이었다. 놀이일 때 재미있고, 재밌어야 이어진다. 책은 소통과 사고를 위한 수단이지 목적이 아니다. 초등학생에게 즐거움이 사라진 독서와 토론은 오래하기도 집중하기도 어렵다.

코로나19로 시작된 온라인 친구독서회는 처음 의도대로 아이에게 친구와의 즐거운 수다 시간을 선물했다. 즐거운 토론을 통해 아이들의 마음과 일상을 엿보고 아이들 스스로 자신의 생각을 정리할 수 있게 되었다.

첫 번째,

**고학년 초등학생 아이들에게 쉽게 들을 수 없는 학교 이야기,
친구 이야기, 그들만의 일상을 부모가 자연스레 공유할 수 있다.**

　학년이 올라갈수록 아이들은 집에서 학교 이야기나 친구 이야기를 하지 않게 된다. 갑자기 정색하고 물어보면 아이들 스스로도 할 말이 없는 경우가 대다수다. 하지만 아이들이 좋아하는 책에는 자신들이 좋아하는 캐릭터가 넘쳐난다. 독서토론을 하다 보면 자기도 모르게 자기의 일상 이야기를 등장인물을 통해 대신 이야기 할 수 있다. 주인공이 겪는 많은 사건 속으로 자신의 일상을 밀어 넣게 되는 것이다. 내가 소설이라는 장르를 독서토론에서 가장 선호하는 이유이기도 하다.

두 번째,

**책 속의 주인공과 사건 덕분에 아이들의 고민과 가치관,
즐거움이 무엇인지 알게 된다.**

　소설에는 수많은 사건과 감정들이 있다. 승리와 패배, 외로움, 경쟁, 폭력, 사랑, 불행, 행복, 죽음, 불안감, 기대감, 성취감, 협동

과 배반, 소설 속 상황으로 함께 빠져들면 아이들은 끊임없이 선택해야 한다. 그 선택에는 평소 자신의 고민과 가치관이 그대로 드러난다.

　　아이가 지금 무엇을 좋아하는지 알 수 있다.

세 번째,
현실에서도 상대방의 이야기를 경청할 수 있는 대화법을 얻게 된다.

　　온라인 독서토론은 오디오가 겹치면 그 누구의 이야기도 전달되지 않는다. 반복된 토론은 타인의 이야기를 경청하는 삶의 자세를 알려준다. 자연스럽게 상대방의 이야기를 모두 듣고 발언하는 규칙과 습관을 얻게 된다.

네 번째,
학교 온라인 수업에도 긍정적인 영향을 미친다.
펜데믹이 끝나도 온라인 수업은 미래 학교 과정에서 언제든 병행될 수 있다.

처음 접한 온라인 수업에 집중하지 못하는 친구들이 많다. 하지만 친구와 온라인 독서 수다를 통해 온라인 토론의 재미와 즐거움을 얻은 친구들은 학교 온라인 수업에도 더욱 적극적으로 참여하는 것을 확인했다.

<u>다섯 번째,</u>
어린이 소설과 그림책은 상상력과 수많은 질문을 선물한다.
　아이들은 자신들이 좋아하는 소설 속 주인공이 되어 무한한 상상을 한다. 귀신을 잡는 퇴마사가 되어보기도 하고 어느 날은 먼 우주를 항해하는 우주인으로 변신한다. 소설의 가장 큰 매력은 누군가의 삶 속으로 들어가는 것이다.
　그림책은 유아만의 책이 아니다. 초등학생과 성인 모두 그림책에서 나와 너 그리고 우리를 발견할 수 있다. 좋은 그림책의 한 컷은 아이들에게 수많은 질문과 생각을 던져준다. 온라인 화면 공유를 통해 그림책를 다시 읽고 좋은 그림이 주는 수많은 질문과 함께 만나보자. 진흙 속의 보석처럼 숨겨진 비밀이 그림책 속에 있다.

여섯 번째,
온전히 책을 읽는 즐거움을 느낄 수 있다.

성적만을 위한 책 읽기는 아이들에게 책 읽기 본연의 즐거움과 거시적인 안목을 빼앗는다. 나와 다른 혹은 나와 같은 생각을 나누는 즐거운 독서토론은 결국 다시 즐거운 책 읽기로 순환된다. 아이들에게 모임 책 선정의 기회를 주었기 때문에 책 읽기는 숙제가 아니라 즐거움이 되었다. 책 맛을 알아가는 것이다. 온라인 친구 독서토론은 지역적인 한계를 벗어나 맛있는 책으로 다양한 친구들과 생각하는 힘, 소통하는 힘을 기를 수 있는 가장 즐겁고 손쉬운 길이다.

4. 초등 친구들과 아빠의 독서토론

초등학생 친구들과 아빠가 작성한 발제문, 그리고 실제 독서토론을 정리했다. 발제문은 독서토론을 위한 가장 중요한 요건 중 하나다. 발제문이 준비되어 있으면 독서토론을 누구나 쉽게 시작해 볼 수 있다. 아이들 스스로 책을 통해 친구와 이야기 나누고 싶은 것을 직접 선정하면 토론 참여도를 더 끌어 올릴 수 있다. 사회자는 아이들이 놓친 책의 이야기를 함께 발제문으로 추가해서 좀 더 깊은 대화와 토론을 이끌어 간다.

독서토론의 가장 큰 장점은 아이들이 생각할 수 있는 시간을 많이 가지고 대화를 통해 자연스럽게 자기 생각과 마음을 나누는 것이다. 회를 거듭할수록 책을 매개로 주고받는 대화의 재미가 늘어났다. 아이들의 발표력이 향상되었고 자기 생각을 스스로 정리해서 타인의 이야기를 경청하고 자기만의 질문을 다시 던질 수 있게 되었다. 초등 고학년 친구들과 독서토론을 시작하려는 부모님들을 위해 재밌게 즐길 수 있는 작품들을 모아봤다.

<초등학생과 함께한 독서토론 리스트>

01. 마녀의 빵 / 오 헨리

02. 꽝 없는 뽑기 기계 / 곽유진

03. 서찰을 전하는 아이 / 한윤섭

04. 노인과 바다 / 헤밍웨이

05. 귀신 감독 탁풍운 / 최주혜

06. 전천당 7권 / 히로시마 레이코

07. 꽃들에게 희망을 / 트리나 폴리스

08. 나쁜 어린이표 / 황선미

09. 친구가 올까 / 우치다 린타로

10. 불량한 자전거 여행 / 김남중

11. 마지막 잎새 / 오 헨리

1. 마녀의 빵 / 오 헨리

외국 고전 단편 중에는 아이들과 재미있게 토론할 수 있는 책들이 많다. 단편 중 재밌는 이야기를 고른다면 아이들과 즐거운 고전 읽기도 가능하다. 재밌는 단편은 참가자들의 완독율을 올려서 토론을 활성화 시킨다. 오 헨리의 『마녀의 빵』은 호감이 있는 남자에게 애정을 표시하려다 졸지에 마녀가 되어버린 빵집 여주인의 사연을 다루고 있다.

초등학생 발제문

1. 잘 알아보지도 않고 빵에 버터를 넣은 주인공과 '먹는' 빵을 지우개로 사용한 건축가 중 누구의 잘못이 클까요?
2. 만약 빵에 버터가 없었다면 결과가 같을까요? 아니면 다른 상황이 생길까요?

아빠 발제문

주인공은 선의를 가지고 행동했으나 결과적으로 건축가에게 비난만 받았습니다. 내가 좋은 의도를 가지고 어떤 일을 했는데 결과가 상대방에게 나쁘게 되었을 때 나의 행동은 잘못된 것일까요? 어떻게 생각하시나요?

등장인물들의 선택과 결과가 재미있다며 아이는 자발적으로 독서토론방에서 투표를 진행했다. 좋은 마음으로 빵에 몰래 버터를 넣은 빵집 주인과 빵을 지우개로 쓴 건축가 중 누구의 잘못이 더 큰가를 묻는 투표였다. 어느새 발제문을 작성하는 것이 재밌는 놀이가 되었다. 양측 의견 모두 설득력이 있었다.

건축가의 잘못이다.
1. 빵집 주인이 선의를 가지고 한 행동을 탓할 수 없다.
2. 빵은 먹는 거지 지우개가 아니다. 빵을 지우개로 쓰고 화를 내는 건 잘못되었다.
3. 빵이 지우개보다 비싼데 왜 빵을 쓰는가. 합리적 소비가 아니다.

빵집 주인의 잘못이다.
1. 버터 없는 빵에 버터를 넣고 판 것은 일단 판매자로서 잘못된 판단이다. 오늘 빵은 버터가 있다고 써놓았어야 했다.
2. 주인공은 소심했다. 루이 16세는 재정문제를 해결하려고 했으나 반대파의 의견에 부딪쳐 해결하지 못했다. 빵집 주인공도 루이 16세처럼 소심해서 결국 일을 키웠다.

친구들의 의견을 듣고 자연스럽게 다음 질문을 던졌다. 내가 좋은 의도를 가지고 어떤 일을 했는데 결과가 상대방에게 나쁘게 되었을 때 어떻게 생각해야 할까? 실제 엄마 바다표범을 잃고 헤매는 아기 바다표범을 인간이 자연에서 구하려다 결국 아기 바다표범이 죽는 사건을 예로 들어주었다. 선한 의도라면 비난할 수 없다는 의견이 지배적이었다.

1. 심폐소생술을 하다가도 갈비뼈가 다칠 수 있다. 결과만을 보고 판단하면 선한 행동이 나올 수 없다.
2. 게임을 하다가도 팀을 위해서 했는데 팀원들에게 욕을 먹는

경우가 있다. 의도가 더 중요하다.
3. 넘어진 친구에게 주저앉아 있어서는 아무것도 해결되지 않는다고 조언해 주었다가 아픔을 이해하지 못한다고 비난받았다.

넘어진 친구 이야기를 듣더니 한 친구가 갑자기 교과서를 펼쳤다. 얼마 전 수업에서 '좋은 의도라도 상대방의 마음을 살펴야 한다'를 배운 적이 있었는데 갑자기 생각이 난 것이다. 아이들은 서로 역할극을 시작했다. 토론 중 자신의 경험을 공유하면 이야기는 확장된다.

빵집 주인이 화가 건축가에게 짝사랑의 감정을 가지고 있었다는 부분에서는 누군가를 좋아하면 그 사람을 위해서 무엇인가를 준비하게 된다는 이야기가 나왔다. 은근슬쩍 이성 친구가 있는지 물어봤다. 아쉽게도 내가 기대하는 답변은 안 나왔지만 얼마 전 결혼기념일에 엄마와 아빠를 위해서 편의점 와인을 몰래 준비했던 아들의 이벤트가 생각났다. 아들이 여자 친구를 위해 이벤트를 준비하는 그 날이 벌써 기다려 진다.

독서토론이 끝나고 재밌는 발제문 덕분에 아들과 직접 빵을 사서 지우개로 써보는 실험을 했다. 딱딱한 빵으로 실제 지우개질이 가능한 것인지 물어보는 친구가 있었기 때문이다. 실험 전 아들은 발제문을 읽고 지우개의 성분에 대해서 인터넷으로 찾아보더니, 지우개의 성분을 생각해 보면 빵으로 지우개를 쓴다는 것은 불가능하다는 나름의 결론을 내렸다. 오 헨리 아저씨는 거짓말을 한 걸까? 빵집에서 아들은 지우개로 쓸 만한 빵을 아주 신중하게 골랐다.

2. 꽝 없는 뽑기 기계 / 곽유진

2020년 비룡소 문학상 대상 수상작으로 아이들과 토론을 통해 책 속에 숨겨진 의미와 반전을 알아가는 판타지 동화다. 처음에는 알지 못했던 이야기를 계속 질문하고 답하면서 보물찾기처럼 찾아가다 보니 작가의 의도를 알게 되었다. 아이들의 관찰력은 정말 뛰어났다. 그림에 감추어진 비밀도 토론을 하며 찾아내었다. 각자 원하는 뽑기 기계를 알게 되어서 아이들의 마음도 들여다볼 수 있었다.

초등학생 발제문

1. 희수는 왜 학교를 가지 못하고, 미술치료를 받을까요?
2. 실제로 꽝 없는 뽑기 기계를 만든다면 어떤 물건을 넣을 건가요?

아빠 발제문

1. 희수의 뽑기 1등 선물은 왜 칫솔이었을까요?
2. 영준이 엄마는 왜 희수에게 라볶이를 만들어 주었을까요?
3. 희수가 학교에 다시 갈 수 있었던 이유는 무엇인가요?

학교를 가지 못하고 미술치료를 받는 희수는 마음의 병이 크다. 처음에는 희수가 왜 우울한지 병원에 가는지 알지 못한다. 그래서 희수가 꽝 없는 뽑기를 할 때, 등장하는 사람들이 누구인지 아이들은 몰랐다. 사람이 아니다. 마법의 영혼이다. 작가다. 다양한 의견이 나왔다. 하지만 토론을 하며 선물로 받은 칫솔과 그림을 단서로 희수의 비밀과 꽝 없는 뽑기 기계의 비밀이 조금씩 밝혀졌다. 쓰던 칫솔이 첫 번째 뽑기 선물 이어서 정말 이상하다고 생각했다. 혼자 읽을 때는 잘 모르겠다고 했던 친구가 토론을 하다 무릎을 탁 쳤다. 칫

솔의 의미를 발견한 것이다.

    희수를 괴롭혔던 것은 죄책감이다. 본인 때문에 가족의 돌이킬 수 없는 불행이 시작되었다고 생각한다. 엄마와 아빠, 그리고 언니가 희수의 잘못이 아니라고 위로해 주며 희수는 악몽에서 조금씩 벗어난다. 그 길에는 영준이 엄마와 희수의 친구들, 할머니 할아버지도 함께 한다. 누군가의 기대와 위로가 필요한 세상이다.

    따듯하고 마음 아픈 이야기 속에서 아이들의 독서 흥미를 유발한 또 하나는 바로 꽝 없는 뽑기 기계다. 아이들이라면 누구나 꽝 없는 뽑기 기계를 기대할 것이다. 어떤 선물이 들어있었으면 좋겠냐고 물었더니 꽝조차 돈이었으면 좋겠다는 친구부터 전천당 과자에서 나오는 소원 들어주는 사탕을 바라는 친구도 있다.

    동네 인형 뽑기 기계는 모두 사기라고 한다. 한 번도 인형을 뽑지 못했기 때문이다. 아이들 바람대로 꽝조차 행복을 가져다주는 세상이면 좋겠다. 주인공 희수를 향한 친구들의 마음이 따듯했다.

1. 스트레스가 있어도 자포자기하지 말고 스트레스를 풀어라
2. 하늘이 무너져도 살길은 있다. 겪어서 견뎌 내면 된다. 죄책감에 자신을 잃지 마라

아이들이 마지막으로 던져준 격려의 이야기를 희수가 어디선가 들었으면 좋겠다. 아이들이 주인공 희수에게 건넨 말을, 언젠가 힘든 순간이 찾아온 자기 자신에게도 말할 수 있었으면 좋겠다. 우리 주변의 사고도 0.1초의 차이로 그 결과가 변한다.『잠을 수 없는 존재의 가벼움』을 읽고 들었던 궁금증을 아이들에게 물어봤다. 삶은 우연일까 필연일까?

아이들은 친구와의 만남도 지금의 만남도 우연이라고 한다. 염색체의 신비를 살펴보면 부모가 지금의 자녀를 낳은 것, 자신이 치킨이나 떡볶이를 좋아하는 것도 그저 우연일 뿐이라고 한다. 원래 그럴 수밖에 없었다는 필연의 무기력함을 아이들은 벌써 별로라고 눈치챘는지 모른다.

3. 서찰을 전하는 아이 / 한윤섭

이 책은 학교 독서골든벨 때문에 읽었던 책인데 아이들 추천을 받아 다시 읽어보니 새로웠다. 아들은 독서골든벨로 상을 받고 기뺐던 순간을 떠올렸다. 역사를 좋아하는 시기라 그런지 아이들 모두 흥미롭게 읽은 작품이다. 녹두 장군 전봉준이 '김경천의 밀고로 처형되었다'는 역사적 사실 하나에서 출발한 작가는 열세 살 아이가 서찰의 주인공인 전봉준을 만나는 과정을 흥미진진하게 다루었다.

초등학생 발제문

1. 전봉준은 김경천이 밀고할 것을 알았으면서 왜 피노리로 갔을까요?
2. 김경천은 왜 배신했을까요?

아빠 발제문

1. 작가는 독자에게 서찰을 전하는 아이를 통해 무슨 이야기를 하고 싶었을까요?
2. 115페이지에서 할아버지는 행복을 이야기합니다. 왜 할아버지는 행복이 양반만의 것이라 생각하고 살았을까요? 행복은 무엇이라고 생각하나요? 주인공은 왜 행복했을까요?
3. 동학농민운동은 성공일까요? 실패일까요?
4. 양반과 평민 같은 과거 계급제도 사회에 대해서 어떻게 생각하시나요? 지금은 계급사회가 사라졌을까요?

『서찰을 전하는 아이』는 정처 없이 떠돌던 보부상의 아들이 힘들게 찾은 길을 함께 살펴보며, 목표를 가지고 사는 것이 얼마나 중요한 것인지 되묻고 있다. 주인공 소년이 만난 여러 사람 중, 평생 동안 행복을 한 번도 생각하지 못한 평민 할아버지가 있다. 친구들은 행복을 각자 어떻게 생각하는지 물었다.

1. 행복은 빛이다. 행복이 없다가 행복이 생기면 불이 켜지는 것 같다.
2. 행복은 만족하는 것이다. 엄청난 양의 레고를 완성했을 때, 성취감을 느꼈을 때 행복했다.

　행복이나 사랑, 죽음과 같은 철학적 질문을 아이들이 어른보다 쉽게 대답하는 경우를 자주 발견한다. 서찰을 전한 소년은 왜 행복할까 물었다. 자신이 원하는 것을 이루었기 때문에 자부심을 얻었고, 자신의 길을 갔기 때문에 행복하다고 대답했다.
　뱃사공 할아버지가 행복하지 못한 구조적 이유에는 양반과 평민의 삶이라는 계급사회가 존재한다. 과거의 계급제도 사회에 대해서 어떻게 생각하는지, 지금은 없어졌는지 물어보았다.

1. 그런 제도를 만든 것이 이해가 안 된다. 지금도 계급사회는 남아 있다. 청소부, 변호사, 의사, 택배기사처럼 다양한 직업에서도 있고, 같은 직장 안에서도 계급이 있다.
2. 아테네에서도 비슷한 제도가 있었다. 지금도 계급사회는 남아 있다. 어떤 사람들은 다른 사람들을 등급을 매긴다. 돈으로 나누는 계급사회가 있다.

친구들 말대로 계급사회는 겉으로는 보이지 않지만 여전히 우리 곁에 남아 있는 문제다. 그렇다면 동학농민운동은 성공인지 실패인지 물어보았다. 이 문제는 성공과 실패 양쪽으로 의견이 갈렸다. 완벽히 실패라고 생각하는 의견은 동학 농민의 주체인 농민들이 당시 모두 죽음을 당했거나 잡혔기 때문이다. 실패가 아니라고 생각하는 의견은 동학농민운동이 결국 살기 좋은 세상을 위한 운동이었는데 지금은 그래도 그 시절보다는 좋은 세상이니 한국의 전체 역사로 보면 실패가 아니라고 주장했다. 단기적인 실패와 장기적인 성공을 이야기한 의견이 인상적이었다.

　김경천이 배신한 이유에 대해서 돈과 배신의 역사가 반복된다는 의견과 당시 일본의 힘이 압도적이었다는 점을 지적했다. 아이들의 이야기를 듣다가 에드워드 카의 주장이 생각나서 이야기했다. 역사는 과거와 현재의 대화다. 한국의 역사 한 페이지를 친구들과 함께 토론할 수 있는 재미있고 의미 있는 책이다.

4. 노인과 바다 / 헤밍웨이

　소년들이 읽는 노인과 바다는 어떤 의미로 다가올까? 멋진 바다를 만나면 힘차게 노를 저어 가는 아이들이 되어주기를 바라는 마음으로 나는 『노인과 바다』를 선택했다.

초등학생 발제문

1. 노인의 물고기를 모두 물어뜯은 상어를 과연 비난할 수 있을까요?

2. 제목이 왜 노인과 물고기가 아니라 노인과 바다일까요?

3. 자신이 소년이라면 노인을 찾으러 갔을까요? 기다렸을까요?

아빠 발제문

1. 노인은 혼자서 청새치를 힘들게 잡으면서 계속 소년이 곁에 있었으면 좋겠다고 이야기하는데요. 왜 그랬을까요?

2. 청새치는 상어 떼에게 대부분 뜯어 먹힙니다. 노인은 어부로서 실패한 것일까요?

3. 노인이 그토록 잡고 싶어 했던 청새치, 친구들도 잡고 싶은 것이 있나요?

인생이라는 거대한 바다의 한 사람 이야기를 다룬 『노인과 바다』, 토론을 시작하자마자 노인을 괴롭혔던 상어의 입장을 대변한 아이의 시선이 특별했다.

1. 청새치를 물어뜯은 상어를 비난할 수 없다. 청새치를 잡지 못한다고 노인이 죽는 것은 아니다. 상어는 살기 위해 먹은 것일 뿐, 노인보다 위태롭다. 노인도 상어도 각자 할 일을 한

것뿐이다.
2. 노인이 작은 배에 큰 청새치를 잡고 피를 흘렸으니 상어가 물어뜯는 것은 당연하다.

어른들 독서토론에서는 한 번도 상어의 입장을 대변하는 사람이 없었다. 아이들의 해석이 흥미로웠다. 그렇다면 청새치를 잃은 노인은 어부로서 실패한 것인가?

1. 아니다. 노인은 노인대로 어부로서의 긍지는 남아 있다.
2. 거대한 청새치를 잡은 것 자체가 대단하다.

아이들의 말대로 노인의 강렬한 의지는 인간은 파멸 당할지언정 패배하지 않는다는 말을 떠올리게 한다. 이 유명한 문장을 어떻게 해석할지 궁금했다.

1. 실패해도 노력은 계속해야 한다. 7번 넘어져도 8번 일어나야 한다.

2. 죽어도 희망은 남아 있다.

3. 7번 넘어지면 아프다.

소년이 물고기를 잘 잡지 못하는 노인을 따르고 존경한 이유도 그것 때문이다. 소년은 노인의 노력과 의지, 지난 시간을 알고 있다. 자신의 첫 번째 낚시부터 노인과 함께했기에 아버지보다 더 큰 신뢰와 존경을 가지고 있다. 소년의 마음에 동화되어서인지, 소년이 만약 직접 노인을 찾아 나섰으면 어땠을까 물어 왔다. 마을 사람들과 함께 찾아 나서야 했다는 주장과 무모한 시도라는 의견이 충돌했다.

1. 마을에서 무시당하던 노인이라 마을 사람들이 소년의 말만 듣고 찾아 나서지 않았을 것이다.

2. 너무 넓은 바다라 찾기 어려울 것이고, 만약 찾는다 해도 노인의 힘든 모습을 보면 소년의 마음이 더 아플 것이다.

마을 사람들과 노인을 찾아보고 싶다는 마음도, 찾았을 때 마음이 더 아플 것이니 찾지 말자는 의견 모두, 노인에 대한 아이들의 마음이 보여서 좋았다.

왜 노인이 청새치를 힘들게 잡으면서 계속 소년이 곁에 있었으면 좋겠다고 혼잣말을 반복했는지 물었다.

1. 같이 오지 못함을 후회하고 있다.
2. 누군가 힘든 상황에 있을 때 옆에 있으면 위안이 된다. 백지장도 맞들면 낫다.

인생의 결정적인 순간은 결국 혼자일 수밖에 없다는 현실에 대한 역설인지, 자신을 유일하게 존중해 줬던 소년과 함께 하고 싶은 노인의 마음인지 작가에게 물어보고 싶었다.

성인 독서회에서도 노인이 자주 꾸는 사자 꿈에 대한 해석이 다양해서 사자 꿈이 무엇을 의미하는지 아이들에게 물어봤는데 멋진 이야기가 오고 갔다.

1. 사자 꿈은 희망을 상징한다. 노인은 물고기를 잡을 때마다 사자 꿈을 꾼다. 사람들이 무시하지만 노인은 물고기를 잡는

순간, 희망이 생기고 그것은 사자 꿈으로 나타난다.
2. 사자 꿈은 헤라클레스의 힘을 상징한다. 헤라클레스의 힘은 그리스 신화에서도 막강한데, 노인은 힘들 때마다 사자 꿈을 꾸며 내가 십년만 젊었으면 한다. 엄청난 힘의 상징이 사자 꿈이다.

제목에 대한 질문을 자주 해서인지 왜 제목이 노인과 물고기가 아니라 노인과 바다인지 먼저 물어왔다.

1. 바다에서 노인이 살아남은 이야기라 노인과 바다가 맞다
2. 노인은 바다에서 살고 성취감을 얻고 감정 변화를 갖는다. 바다에서 자신의 의미를 찾았다.

『노인과 바다』를 아이들이 이렇게 잘 풀어내고 해석하는 것이 마냥 신기했다. 오랜 시간 독서토론을 함께 해온 친구들이 고마웠다. 마지막은 노인이 그토록 잡고 싶어 했던 청새치처럼 친구들도 잡고 싶은 것이 무엇인지 물어보았다. 청새치랑 같은 서식지에 있는

노랑지느러미 참치를 잡고 싶다고 한다. 이유를 물어보니 노랑지느러미 참치는 잘 때도 춤을 춘다고 한다. 언젠가 바다에서 춤추는 노랑 참치를 함께 만났으면 좋겠다.

5. 귀신감독 탁풍운 / 최주혜

귀신을 다룬 철저히 오락 위주의 작품이지만, 불법체류 노동자들과 출생신고를 할 수 없는 아이들이 겪는 사회적 문제를 아이들과 함께 이야기 해 볼 수 있다. 살아 있어도 귀신으로 존재할 수밖에 없던 란비의 이야기가 보석처럼 숨어 있었기 때문이다. 란비에 관한 발제문을 읽고 불법체류 노동자가 무엇인지 아이들이 먼저 물어왔다. 불법체류 자녀라도 출생신고는 허용해 줘야 한다는 의견과 그러면 안 된다는 의견이 팽팽히 부딪쳤다.

초등학생 발제문

1. 구멍귀는 과연 악귀일까요? 구멍귀는 우리가 사는 현실계에

서 무엇과 비슷할까요?

2. 어떤 이야기에서는 귀신이 한이 많아서 인간세계를 괴롭힌다고 합니다. 만일 귀신의 한을 풀어주어서 퇴치하는 것이 좋을까요? 아니면 그냥 귀신에게 통하는 무기로 제거하는 게 좋을까요?

아빠 발제문

살아있어도 귀신이었던 란비가 있습니다. 실제로 부모님이 불법체류 외국인일 경우 태어난 아이들은 출생등록을 할 수 없다고 합니다. 어떻게 생각하시나요?

『귀신감독 탁풍운』은 귀신을 잡다 귀신들의 불행을 알게 된 풍운의 이야기다. 책에는 여러 귀신들이 등장하는데, 아이들이 관심 있게 바라본 귀신들은 공통적으로 원한이라는 공통점을 가지고 있다. 구멍귀 라는 귀신은 이름도 없고 사람들에게 잊혀진 존재라 우리가 살아가는 세상에서 소외된 사람들이 떠올랐다.

주인공 서늘이처럼 귀신을 볼 수 있게 된다면 어떨까 물어봤는데 너무 무서워서 싫다는 친구와 죽은 가족들을 볼 수 있는 사업을 한다면 좋겠다는 재밌는 의견이 나왔다.

외국인 근로자의 불법체류에 대해 설명을 간단히 해주자, 아이들은 불법체류 자녀들의 출생신고에 대해서 열띤 찬반 토론을 벌였다. 아이들은 가엾지만 부모가 위법을 저질렀으니 원칙을 지켜야 한다는 의견과, 아이들의 문제는 인류애로 접근해야 한다는 의견이 맞섰다.

1. 원칙이 무너지면 안 된다. 야박하긴 하지만 사람들 사정 다 봐주면 끝이 없다. 살기 힘들어서 세금 내기 힘들다는 것은 대한민국 사람들 중 누구나 이야기 할 수 있다. 또한 원칙을 무너뜨리고 계속 받아주면 현실적으로 계속 수용할 수 있는 공간도 재원도 없다. 우리나라에서 수용하는 것이 알려지면 전 세계의 난민이나 불법체류가 훨씬 더 늘어날 수도 있다.
2. 두 가지의 경우를 나누어 봐야 한다. 첫째, 다른 나라에서 범죄를 저지르고 도망 온 경우라면 절대 받아줘선 안 된다. 그러나 둘째, 돈이 없어서 부모가 잘못했다면 부모는 처벌하더라도 아이는 이 나라에서 태어났으니 돌봐줘야 한다.

인류애로 접근해야 하되 선별적으로 처리하자는 것이다. 열띤 토론을 벌인 아이들에게 두 가지 문제를 다시 던져주었다. 첫째, 불법체류자도 불법을 저지르고 있지만, 그 이면에는 불법체류자를 고용하고 있는 한국인들이 있다. 불법체류자들의 문제를 그들만의 문제로 인식하고 처리해야 할까 아니면 우리 사회 전체의 문제로 접근해야 할까? 둘째, 부모의 문제를 연좌제로 아이들에게 다시 묻는 것은 과연 정의로운 것인가? 정답을 찾기 어려운 토론이었지만, 아이들이 좋아하는 재밌는 귀신책 이야기로 사회적 문제에 대해 함께 생각해 볼 수 있는 소중한 시간이었다.

6. 전천당 7권 / 히로시마 레이코

펜데믹 시대, 소원을 들어주는 전천당 과자가게가 정말로 있었으면 좋겠다. 판타지물은 평소 아이들의 바람을 읽어 볼 수 있다. 행운과 불행이 갈리는 과자 가게 『전천당』의 작가 히로시마 레이코는 주니어 판타지 대상을 수상할 만큼 작품성과 재미를 인정받고 있는데 내용은 주로 권선징악을 다루고 있다.

초등학생 발제문

1. 베니코는 전천당 손님의 이름을 묻지 않고도 알고 있는데, 어떻게 된 걸까요?
2. 나에게 꿈꾸는 돔이 생긴다면 안에 무엇이 보일까요?
3. 내가 유즈카라면 단결 견과, 왕이라면, 우물물 중 무엇을 골랐을까요?

아빠의 발제문

자신이 전천당이나 천옥원 같은 과자가게를 만든다면 어떤 과자가게를 만들 건가요? 그리고 그 이유는 무엇인가요?

전천당은 원하는 과자를 먹으면 행운이 찾아오지만 잘못 먹으면 불행이 찾아온다. 전천당에서 가장 먹어보고 싶은 과자를 물어보면 평소 친구들이 힘들었던 것을 이야기한다. 멀미를 안 하기 위해 멀미양갱, 온라인 체육 시간의 런지와 같은 근육운동의 통증을 막기 위한 종아리 안 아파 과자. 두통과 비염이 사라지는 두통 잡는 사탕,

불면증이 사라지길 바라는 불면 꺼져 과자.

　책 한 권으로 아이들이 평소 무엇을 힘들어하는지 알게 되었다. 나는 사람들이 아프지 않았으면 좋겠다는 마음으로 건강당을 바랬다. 어떤 가게를 만들고 싶은지 물어보았다.

　　1. 꿈꾸는당 : 원하는 것이 이루어지는 가게
　　2. 신난당 : 사람들이 지치고 힘들어 하니까

　꿈꾸는 돔이 생겨 무엇이 보일지 물어보니 모든 질병이 극복된 세상을 원했다. 코로나에서 벗어나고 싶은 아이들의 간절한 마음이었다. 원하는 과자를 더 써보게 했다.

　　1. 이빨 치료 과자 : 이빨 치료할 때 고통이 너무 큼
　　2. 시험 폭발 과자 : 시험을 보고 스트레스 받으면 스트레스가 폭발 하는 과자
　　3. 배불러지는 과자 : 영양분과 배부름이 생기는 과자
　　4. 코치료 과자 : 코로나 치료과자

주제와 인물을 탐구하는 치열한 독서토론도 좋지만, 평소 숨겨진 아이들의 마음을 나눌 수 있는 재밌는 책도 친구들 독서토론으로 충분히 가치 있다. 물론 독서토론 초기에는 퀴즈 게임처럼 진행되지만, 회를 거듭할수록 아이들의 마음에 더 손쉽게 접근할 수 있다. 재미 위주의 판타지물은 사회자가 어떤 발제문을 작성하느냐에 따라 토론의 방향과 깊이가 결정된다.

7. 꽃들에게 희망을 / 트리나 폴리스

애벌레와 나비의 이야기. 이제 5학년이라 시시하다고 할 줄 알았는데 토론 첫마디가 '내용이 너무 감동적이었다!' 허상을 보다가 한 단계 나아가길 바라는 애벌레, 『꽃들에게 희망을』. 출간 이후 40년이 지난 지금도 왜 전 세계의 베스트셀러가 되었는지 확인할 수 있다.

초등학생 발제문

1. 노랑 애벌레처럼 뭔가를 포기하고 다른 것을 선택한 적이 있나요?
2. 검정 줄무늬 애벌레처럼 그 이상의 것을 원한 것이 있었나요?

아빠 발제문

1. 나비가 되면 '진정한 사랑'을 할 수 있다는 의미는 무엇일까요?
2. 나비가 되지 않고 애벌레로 살아가는 것에 대해서는 어떻게 생각하시나요?

호랑 애벌레와 노랑 애벌레가 나비가 되어 다시 만나는 장면은 나도 아이들도 뭉클했다. 나비들만의 사랑이 아닌 꽃들과의 사랑, 나만이 아니라 모두를 위한 사랑이 실현되는 함께 사는 세상, 우리는 문득 문득 그런 세상을 꿈꾸어 본다. 꽃들에게도 나비들이 필요했다. 그래서 꽃들에게 희망을. 노랑 애벌레처럼 뭔가를 포기하고 다른 것을 선택한 적이 있나요? 베이블레이드라는 팽이를 엄청 좋아하는 친구는 다음과 같이 이야기 했다.

베이블레이드가 재미있었는데 일본 것이라는 걸 알고 레고를 선택했다. 무엇인가를 포기하는 순간 다른 기회가 찾아왔다.

호랑 애벌레는 노랑 애벌레와 눈이 마주치고 삶의 또 다른 행복을 찾았다. 우리에게도 누군가를 밟고 올라가는 것보다 더 가치 있고 의미 있는 선택의 순간이 찾아온다. 아무 생각 없이 남들 따라가는 삶이 아니라 내 마음의 자유와 평화를 느낄 수 있는 삶. 호랑나비가 왜 그렇게 애벌레 기둥으로 올라가려 했는지 물었다.

1. 올라가야만 한다는 강박증
2. 저렇게 떨어지는데도 계속 올라가는 것을 보면 정말 맨 위에는 대단한 것이 있을 거라는 기대감

나비가 되려면 어떻게 해야 하는지 물었는데 친구들 모두 답변을 생각하지 못했다. 해당 페이지를 한 번 더 읽어주고 생각할 시간을 주었다.

1. 날기를 원해야 한다.
2. 애벌레로서 충분히 먹고 자라야 한다. 번데기가 되어 오랜 시간 기다려야 한다.

우리는 각자의 꿈을 위해 번데기처럼 정말 긴 시간, 노력하고 기다려야 할 것이다. 간절히 원해야 할 것이다. 친구가 원하는 발명가가 되려면 어떻게 해야 될까 물으니 과학과 수학을 열심히 배워야 한다고 했다. 과학자가 되려면 다른 사람들을 밟고 올라서야 할까? 아니면 고치 속으로 들어가는 것처럼 혼자만의 기다림이 필요할까? 물었는데, 경쟁해서 밟고 올라가야 한다는 말에 한참 웃었다. 물론 협업을 해야 한다는 의견도 있었다.

제목 그대로 나비가 되어 꽃들에게 희망을 줄 수도 있지만, 그냥 애벌레로 살아가는 것에 대해서는 어떻게 생각하는지 궁금했다. 나는 그것 또한 의미가 있다고 생각했다. 하지만 아이들 반응은 싸늘했다.

1. 계속 애벌레로 살아가면 진정한 사랑을 할 수 없다. 풀만 뜯어 먹을 것이다. 환경에도 안 좋다. 나비가 되는 것이 좋다.
2. 애벌레로 산다는 것은 유아기로 멈추는 것이다.

소수 의견이지만, 아무것도 모르는 채 태평하게 애벌레로 사는 것도 괜찮다는 의견도 있었다. 인류나 모두를 위해서 사는 것도 의미 있겠지만 온전히 개인의 삶을 살아가는 것 또한 충분히 의미 있다고 생각한다.

8. 나쁜 어린이표 / 황선미

이 책은 국내 창작 동화 최초로 100쇄를 출간한 작품이다. 학교와 선생님 그리고 친구 이야기를 터놓고 이야기 할 수 있다. 토론을 하며 주인공의 마음속으로 들어가니 친구들 본인의 이야기가 나온다. 아이들 바람대로 나쁜 어린이표가 없는 세상을 꿈꾸어 본다. 나쁜 어린이표는 나쁜 행동을 할 때 선생님이 학생들에게 주는 경고장이다.

초등학생 발제문

1. 내가 선생님이라면 나쁜 어린이표를 만들 건가요?
2. 선생님은 마지막에 건우가 나쁜 어린이표를 훔친 것을 알면서도 왜 타이르지 않고 나쁜 어린이표 자체를 없앴을까요?
3. 건우는 가끔 선생님이 불공정하다고 생각하는데, 여러분도 그렇게 생각하나요?

아빠 발제문

나쁜 어린이표는 좋다고 생각하나요? 나쁘다고 생각하나요? 그렇게 생각한 이유는 무엇인가요?

『나쁜 어린이표』는 절대권력 선생님에게 저항하는 한 어린이의 이야기다. 소설처럼 실제 아이들 학교에도 이런 비슷한 것이 있는지 궁금했다.

1. 2학년 때 선생님이 작은 통에 칭찬 공을 넣게 해서 칭찬 공이 다 차면 교실 과자 파티를 했다. 그런데 나쁜 짓을 하는 친구에게는 선생님과 반 친구들이 합창으로 잘못을 지적했다. 잘

못하면 공을 다시 꺼낸다.
2. 잘못 하는 친구는 칠판에 이름이 적혔다. 잘못할 때마다 칠판에 이름이 또 적히는데, 이름이 적힌 아이는 수업 후 남아야 했다. 나쁜 짓을 할수록 반성문은 늘어난다. 일정 기간 이름 적힌 아이들 수가 적으면 과자 파티를 했다.

아이들의 이야기를 들으며 펜데믹 이전, 아이들이 교실에서 모여 과자 파티를 했던 수업 시간은 얼마나 즐거웠을까 잠시 상상하게 되었다. 그런 날이 빨리 다시 왔으면 좋겠다. 아빠 시절에는 선생님 대신 반장이 칠판에 이름을 적었다고 알려 주니 반장이 싫어하는 아이는 억울함을 당할 수도 있다고 지적했다. 주로 성적순으로 결정되었던 과거의 반장제도에 대해 그것은 독재가 아니냐고 반문해 왔다. 그리고 보니 투표로 최종 결정되기는 했지만, 여전히 공부 잘하는 아이들이 후보에 오르는 폐단은 계속되었다.

요즘은 반장 후보 선정을 성적이 아닌 친구들의 추천으로 진행한다. 반장을 서로 안 하려는 분위기가 강한데, 반장이 되면 노동 가축이 되거나 먹을 것을 주고 일만 시키는 느낌이라고 한다. 반장이 되면 마이쮸를 가끔 받을 수는 있는데 청소할 때도 제일 많이 해야 해서 자신을 반장 후보로 뽑지 말아 달라고 사전에 친구들에게 마이쮸를 뇌물로 주는 해프닝도 있다. 심지어 싫어하는 친구를 반장 후보로 추천한다. 아이들 이야기를 들으며 계속 웃음이 나왔다.

과거의 반장과 지금의 반장은 확실히 다르다. 반장의 자부심과 권리가 사라지고 의무와 책임만이 강화되었다. 아이가 부반장을 했을 때 왜 힘들어했는지 조금 더 자세히 알게 된 시간이었다. 다시 책으로 돌아가 내가 선생님이라면 나쁜 어린이표를 만들 것인지 물어보았다.

1. 아이들이 정말 말을 안 들으면 만들 수도 있다.
2. 절대 안 만든다. 일단 아이들이 불공평하다고 생각할 수 있다. 착한 어린이표와 나쁜 어린이표가 나뉘게 되면 나쁜 어린이표를 받은 아이들이 따돌림을 받을 수도 있고 친구들끼리 사이가 나빠질 수도 있다. 나쁜 어린이표가 낙인이 될 수 있다.

만들지 않겠다는 친구의 의견이 설득력이 있었는지 만들어도 괜찮다고 생각했던 친구가 생각을 바꾸었다. 선생님이 마지막에 주인공 건우가 나쁜 어린이표를 훔친 것을 알면서도 타이르지 않고 나쁜 어린이표를 더 이상 쓰지 않은 것은 건우의 수첩을 읽고 사신의 행위가 얼마나 불공정하다는 것을 깨달았기 때문이다. 선생님은 사실 앞뒤 사정을 보지 않고 나쁜 어린이표를 사용했다. 친구가 실제 당했던 부당한 이야기를 해주자 자신의 경험담도 나왔다. 손 씻을 때 다리를 다쳐서 맨 뒤에 서게 되었는데, 손을 배운데로 꼼꼼히 씻고 들어가니, 수업에 조금 늦게 들어가게 되었다. 그런데 시간 약속을 지키지 않은 사람으로 혼이 났다고 한다. 다리보다는 마음이 아팠을 것 같다.

　나쁜 어린이표는 이름을 바꾸는 것에 그치지 않고, 그냥 없애고 싶은 것이 아이들 마음이었다. 아이들의 행동을 혼내기에 앞서 왜 그랬는지 한 번 더 물어보고 돌아보는 부모가 되어야겠다고 다짐했다.

9. 친구가 올까 / 우치다 린타로

유아 그림책이지만 어른도 함께 읽고 생각할 수 있는 좋은 그림책이다. 『친구가 올까』는 마음은 모두 소중하다는 것을 일깨워 주는 이야기다. 친구를 정의하는 아이들의 생각이 빛났다.

초등학생 발제문

1. 생일에 아무도 오지 않으면 왜 슬플까요?
2. 마음을 없앨 수 있다면 마음을 없애고 싶나요? 이유는 무엇인가요?

아빠 발제문

1. 늑대는 친구가 생일날 온다 안 온다를 반복하면서 친구를 간절히 기다립니다. 늑대처럼 누군가를 간절히 기다려 보았나요?
2. 늑대는 슬픔을 달래려고 마구 먹거나 친구들을 괴롭혀 보기도 해요. 슬픈 마음이 들 때 어떤 방법을 써봤나요?
3. 친구란 무엇일까요?

마음의 의미를 돌아볼 수 있는 그림책으로 친구와 우정, 우울한 마음을 달래는 친구들만의 비법도 알게 되었다.

늑대는 생일날, 친구의 방문을 기다리지만 친구가 오지 않아 많이 슬프고 화가 난다. 생일날 아무도 오지 않으면 왜 슬플까? 생일은 나만의 기념일이기도 하지만 나의 생일을 축하해 주는 친구와 가족과 함께 할 때 더 의미 있고 기쁘다. 살다 보면 혼자일 때 좋을 순간도 있지만, 분명 더 외로운 시간이 있다. 늑대의 바람대로 마음아 없어져라! 외치면 마음이 정말 없어질까? 잠깐 속상한 마음을 비우는 것은 가능하다. 하지만 마음 자체를 없애 버리는 것은 어려울 것이다. 만약 마법으로 마음을 전부 사라지게 할 수 있다면 그렇게 하고 싶은가?

1. 아니요. 마음을 없애면 엄청나게 좋은 일이 생겨도 아무 기분도 느낄 수 없다.
2. 마음은 없애지 못해도 좋지 않은 기분은 없애고 싶다. 화남. 슬픔. 무서운 감정은 사라졌으면 좋겠다. 게임 계정이 삭제

되었을 때 정말 화가 많이 났다.

역시 게임은 초등학생들에게 기쁨과 분노를 자주 가져온다. 늑대는 슬픔을 달래려고 마구 먹거나 친구들을 괴롭혀 보기도 한다. 슬프거나 화가 난 마음이 들 때 어떤 방법을 써봤는지 궁금했다. 친구들 모두 재밌는 생각을 한다고 했다. 기쁨이 슬픔을 달래는 것이다. 배트맨처럼 멋있는 걸 생각한다든지, 만화책을 보면서 마음을 달래는 것이다. 아이들에게 한 수 또 배웠다. 힘든 순간, 나도 아이들처럼 좋았던 순간을 떠올려 봐야겠다. 따끈한 군고구마처럼 피어오르던 신생아의 열기, 처음 아빠를 부르고 뒤집기를 성공한 그 날이 생각났다.

늑대는 친구가 생일날 온다 안 온다를 반복하며 친구를 기다린다. 늑대처럼 누군가를 간절히 기다려 보았나 물었다.

1. 오늘 이 시간을 기다렸다.
2. 5살 때 대형 마트에서 가구를 보고 있었는데 엄마가 사라졌다. 어린이집에서 가만히 있으면 온다고 해서 기다렸는데 안

왔다. 엄마를 엄청 기다렸다.

엄마를 기다린 아이의 마음도 아이를 잃어버린 엄마의 마음도 함께 이야기했다. 우리의 간절한 기다림이 행복으로 이어졌으면 좋겠다. 친구가 무엇이라고 늑대는 이렇게까지 기다렸을까 궁금해졌다. 친구란 무엇일까?

1. 친구는 수리공이다. 왜냐하면 슬프거나 마음이 복잡할 때 위로하고 도와주고 생각을 정리해 준다. 나와 제일 친한 친구는 베이블레이드 배틀을 잘한다.
2. 친구는 나와 가장 잘 맞고 친한 사람이다. 나의 최고의 친구는 배려심이 많고 나와 가장 잘 맞는 사람이다.

서로를 친구라 부를 수 있는 사이, 우리는 살면서 누군가와 그런 사이를 바라고 있다.

10. 불량한 자전거 여행 / 김남중

'가족은 밤을 함께 보내는 사이다'라는 멋진 문장과 함께 가족의 의미와 도전의 의미를 다시 돌아볼 수 있었다. 「불량한 자전거 여행」은 현실의 문제에 맞서 나가는 소년의 이야기다.

초등학생 발제문

1. 왜 제목이 '불량한' 자전거 여행일까요?
2. 삼촌은 자전거 여행에 참여한 사람들에게 자신의 차를 먹고 잘 수 있으니 캠핑카라고했습니다. 삼촌의 차가 캠핑카일까요? 아니면 캠핑카가 아닐까요?

아빠 발제문

1. 호진이 부모님은 자주 싸우고 결국 이혼을 결심합니다. 호진이는 어떤 기분일까요?
2. 삼촌은 정말 불량품일까요?
3. 나의 꿈은 무엇인가요?

부모님의 이혼 위기에 주인공 호진은 무작정 삼촌의 자전거 여행에 참여한다. 집을 나올 만큼 아이들에게 부모님의 이혼은 받아들이기 힘든 현실이다. 이혼에 대해서 아이들에게 물었더니 심란함과 우울함, 슬픔의 감정이 가장 많이 전해져 왔다. 호진이의 마음처럼 아이들도 부모님이 삼겹살처럼 맛있는 음식을 먹고 사이가 좋아져서 이혼을 안 하기를 간절히 바랬다.

단체 자전거 여행의 주최자인 호진의 삼촌은 제목대로 과연 불량품일까?

결혼도 안 하고 변변한 직장도 없는 삼촌이지만, 아이들이 보기에 삼촌은 불량품이 아니었다. 자전거 여행을 시작한 취지부터 자전거 여행을 신나고 재밌게 만들어 내는 능력까지, 삼촌은 자신과 타인에게 기쁨과 행복을 주는 멋진 사람이다.

고장난 장남감도 사람들의 기분을 좋게 할 수 있듯이, 삼촌은 여행에 참여한 사람들과 함께 호흡하며 자신의 길을 묵묵히 이어 나갔다. 발명가가 돼서 모기충격파를 만들겠다는 친구도, 코로나를 막아낼 수 있는 순간 보호막을 만들겠다는 친구도, 삼촌처럼 자기 일을 하면서 성취감을 얻고자 했다.

삼촌이 저렴한 예산으로 준비한 캠핑카에 대해서 친구들의 의견이 나누어졌다. 삼촌은 자전거 여행에 참여한 사람들에게 자신의 차가 먹고 잘 수 있으니 캠핑카라고 했다. 삼촌의 차는 캠핑카일까? 캠핑카가 아닐까? 아이의 질문이 재미있었다.

1. 사회시간에 오늘 차별과 편견에 대해 배웠다. 삼촌의 트럭을 캠핑카라 하지 않는다면 그건 차별과 편견이다. 차에서 먹고 자는 게 가능하다면 캠핑카라 할 수 있다. 물론 캠핑카로 꾸민 삼촌의 트럭이 크고 편안한 것은 아니다. 하지만 나는 할로윈 캠핑에서 아빠가 화물밴에 꾸민 캠핑카가 세상에서 제일 멋진 캠핑카라고 생각했다.

2. 삼촌의 트럭은 캠핑카가 아니다. 캠핑카는 외국에서 시작되었는데 일반적인 캠핑카의 기준을 적용하면 삼촌의 트럭은 캠핑카가 아니다. 더구나 모집공고를 할 때 캠핑카 사진도 올리지 않았는데, 삼촌이 만든 캠핑카는 자전거 여행에 참여한 사람들 입장에서 도저히 받아들일 수 없다.

캠핑카의 규정에 대한 친구들의 의견이 모두 나름의 논거를 가지고 있었기에 양쪽 주장에 대해 칭찬해 주고 각 주장이 갖는 문제점은 없는지 되물어 보았다.

삼촌이 자전거 트럭을 훔친 도둑 영구씨를 경찰에 신고하지 않고 자전거 여행에 참여시킨 것에는 한목소리로 반대했다. 삼촌 입장에서는 기회가 주어지지 않았던 자신의 과거를 생각해서 내린 결정이었지만, 아이들 입장에서는 잘못을 봐주면 잘못이 반복되니 무조건 신고해야 한다고 했다. 작가의 생각과 다르기는 하지만 아이들 말대로 자신의 행동에 책임을 져야 하는 것 또한 맞다. 소설은 이렇게 등장인물의 선택과 결정에 대해 자신의 생각과 의견을 대입해 볼 수 있는 기회를 마련한다. 좋은 문장이 있어서 아이들과 함께 나누었다.

잘 타니까 고생이지. 못 타는 사람은 자기 자전거만 책임지면 되지만 잘 타는 사람은 못 타는 사람들까지 챙겨야 되거든…….가장 느린 사람 속도가 그 단체의 속도가 되는 거다.

좋은 문장을 함께 읽고 나니 한 친구는 단체 이어달리기를 할 때를, 또 다른 친구는 무릎이 안 좋은 아빠와 자전거를 탈 때를 생각해 냈다.

정말 자전거로 세계 일주를 할 수 있을까? 하루에 백 킬로씩만 가면 돼. 힘들면 오십킬로만 가면 돼. 더 힘들면 십 킬로만 가면 돼. 멈추지만 않으면 돼.

친구들도 힘들면 조금 천천히 가더라도 멈추지 않았으면 좋겠다.

11. 마지막 잎새 / 오 헨리

'현대 미국 단편 소설의 아버지'로 불리는 오 헨리의 대표작 『마지막 잎새』는 내일의 희망이 사라진 누군가에게 던지는 사랑의 메시지를 담고 있다. 펜데믹의 시대 아이들의 생각에서 답을 찾고 싶었다.

초등학생 발제문

1. 잎새가 떨어지면 존시는 정말 죽었을까요?
2. 버만 할아버지는 잎새 하나를 그렸을 뿐인데 왜 수는 걸작이라고 하였을까요?
3. 마음먹는다고 병을 이겨 내는 것이 가능할까요?

아빠 발제문

마지막 잎새의 폐렴처럼 지금은 코로나19가 전 세계에 퍼져 있습니다. 코로나19 시대, 우리가 할 수 있는 일은 무엇이 있을까요?

마지막 잎새가 떨어져도 폐렴에 걸린 존시는 죽지 않는다. 이것이 아이들의 지배적인 의견이었다. 잎새가 떨어지는 것은 존시의 죽음과 과학적인 아무런 관련이 없다는 것이다. 그래서 존시가 마지막 잎새가 떨어지면 자기가 죽는다고 생각하는 것을 아이들 입장에서는 이성적으로 이해할 수가 없다. 몸이 아프면 마음이 약해질 수 있다고 반론을 펼쳤지만 자신들은 몸이 아파도 마음은 약해지지 않는다고 의견이 일치했다. 몸이 아프면 그냥 몸만 아픈 것. 아이들은 평소 어른들보다 걱정과 근심이 적고, 죽음에 대한 생각이 다른 것을 알게 되었다.

하지만, 희망이 있어야 존시가 살아날 수 있는 확률이 높아진다는 말에는 대체적으로 동의했다. 그 근거로 암에 걸린 환자가 마음을 다스리자 장수했다는 기사를 언급했다. 이율배반적인 주장을 하는 것은 아이들의 마음속에 절망 보다 희망의 빛이 더 크고 강해서일지도 모른다. 아이들과 독서토론을 하다가 췌장암으로 투병하시다 힘들게 돌아가셨던 할머니의 마지막 여정이 생각났다. 어떤 선택이 할머니와 가족을 위한 최선의 길일까 고민이 많았던 부분이라 아이들에게 물어보았다. 아주 가까운 사람의 삶이 여섯 달로 시한부 판정을 받았다면, 그 사실을 있는 그대로 알려 주는 것이 좋을까, 최대한 숨기는 게 좋을까?

1. 낙천적인 사람에게는 알려서 남은 시간을 정리하고 한 달이라도 즐기게 해주어야 한다. 그러나 존시 같은 비관주의에게는 이야기하지 않는 것이 좋다. 희망 없이 살면 여섯 달 괴로움만 느낀다. 컵에 물이 반이 있을 경우, 낙관주의자는 물

이 절반을 차지한다고 생각 하지만 비관주의자는 잔의 반이 비었다고 한다.
2. 마음이나 성격에 따라서 달라진다. 전혀 말을 안 했을 때도 문제는 있다. 당사자가 죽은 뒤, 왜 말을 하지 않았냐고 따질 수도 있다.

존시를 위해 마지막 잎새를 그렸던 버만 할아버지. 버만 할아버지는 왜 자신의 몸을 살피지 않고 존시를 위해 마지막 잎새를 그렸을까?

1. 버만 할아버지 본인은 늙었으니 젊은 사람의 목숨을 살리고 희망을 주고 싶었다. 버만 할아버지가 그리지 않았다면 버만 할아버지와 존시, 두 사람이 모두 죽을 수 있었다. 마지막 잎새를 그렸기 때문에 걱정 많은 존시를 살릴 수 있었다.
2. 겉으로는 퉁명 댔지만, 존시를 아끼는 마음이 컸다.
3. 본인의 생명을 거는 것보다 뭔가 다른 방법을 찾았으면 좋았을 뻔했다. 나뭇잎을 본드로 붙였으면 어땠을까?

수의 말대로 마지막 잎새는 걸작이 되었다. 자신의 마지막 예술 혼과 타인에 대한 희생이 하나가 되었다. 존시를 괴롭혔던 폐렴처럼 지금 우리는 또 다른 펜데믹 속에 살아가고 있다. 코로나19 시대, 우리가 각자 할 수 있는 일은 무엇이 있을까?

1. 암울해 하지 말고 희망을 갖자. 코로나에 마음을 모두 얽매이지 말고, 다른 생각을 해야 한다. 지금 나는 뭘 할 수 있을까?
2. 즐겁게 살고 자신이 원하는 것을 하자.

『마지막 잎새』를 함께 하며, 우리가 함께 그려나가야 할 이 시대의 마지막 잎새는 무엇인지 아이들의 답변을 통해 그 답을 찾아갈 수 있었다. 나는 오늘도 아이들에게 배운다.

2부
밥상머리 가족독서회

1. 가족독서회의 출발점과 장점

　　서로의 생각을 수시로 주고받는 가족의 밥상머리 토론이 가족독서회로 발전한 것은 코로나19 덕분이었다. 펜데믹 초기, 아내와 나의 오프라인 독서 토론모임도 멈춰 섰다. 온라인 독서회로 다시 시작되기까지 나는 평소 대화로 이끌어 가던 밥상머리 가족 토론에 책을 넣어 가족 독서회로 발전시켰다. 밥상머리 가족 토론이 밥상머리 독서토론으로 변신한 것이다. 아내와 아이 모두 책을 좋아했기에 우리의 가족 독서회는 순조롭게 출발했다.

정색하고 토론하자가 아니라, 저녁 식사 시간이나 맛있는 간식을 먹으면서 책 이야기하는 가족 시간을 늘려갔다. 공통의 주제가 하나 더 생기자 가족 간의 대화도 더 많아졌다. 고학년이 되면서 살짝 줄어들었던 아들과의 대화가 자연스럽게 더 풍성해졌다. 가족 독서회의 운영과 사회는 내가 맡았고 기록은 아내가 담당했다. 적극적으로 가족 독서회를 함께 해온 아내와 아이에게 감사할 뿐이다. 부모의 생각을 이야기하기 전 우리는 항상 아이에게 먼저 질문을 던졌다. 가족 모두 돌아가면서 책을 선정했고 발제문은 책을 선정한 사람이 작성했다.

정답 대신 해답을 찾기 위해 아들에게 끝없이 질문하는 것이 행복한 밥상머리 독서토론의 처음과 끝이었다. 돌이켜 보면 자연스레 가족 독서회가 시작될 수 있었던 것은 유아기부터 아이와 책 놀이를 함께 했던 아내의 역할이 컸다.

책 놀이는 책을 친구로 만들었고, 책을 좋아하는 아들은 엄마의 독서 모임 활동을 따라 유치원 친구와 독서 모임을 만들었다. 아빠의 온라인 독서토론 모임을 지켜보던 아들은 초등학교 친구와 온라인 독서토론 모임을 만들었다. 독서토론을 즐기는 아빠를 보며 아이도 함께 빠져 들어갔다. 아빠의 책을 훔쳐보고 아빠의 온라인 독서토론을 들으며 아들은 모임 전후 자신의 의견을 적극적으로 개진했다. 책놀이가 결국 시간이 지나 가족 독서토론과 친구 독서토론으로 확장된 것이다.

    나는 온라인 친구 독서회나 성인 독서회에서 이미 다루었던 좋은 작품을 가족과 함께 다시 이야기할 수 있어서 좋았다. 아내와 아들의 생각이 늘 궁금했다. 친구 독서회에서 토론했던 작품을 한 번 더 나누면 아들은 더 깊이 생각했다. 성인 독서회에서 좋은 책을 만날 때마다 나는 항상 가족 독서회를 떠올린다. 아내는 가족 독서회를 하면서 아이와 자연스러운 대화를 더 많이 할 수 있어서 감사하다고 했다. 아들은 가족 독서회를 하면서 책을 읽을 때 생각하는 시간이 더 늘었다고 평가했다.
    책을 읽고 토론하는 엄마와 아빠는 책을 더 많이 읽고 생각하는 아이를 만들어 낸다. 결국 책 읽기의 자발성은 독서 하는 가족과의 일상 속에서 극대화 된다.
    독서토론이 회를 거듭할수록 매력적인 것은 나에게 단순히 책을 읽는 기쁨을 주기 때문만은 아니다. 독서토론이 반복되자 가족과의 대화에서도 상대방의 이야기를 더 경청하게 되었다. 아내와 아들의 생각이 더 잘 들리게 되었고 나와는 다른 의견을 더 들을 수 있게 되자 나를 더 돌아보게 되었다. 대화는 말을 잘하는 것이 아니라 잘 듣는 것에서 출발한다.

초등 자녀와 가족 독서회를 시작하고 싶은 가족들을 위해 우리 가족의 실제 독서토론을 정리했다.

2. 가족의 행복한 밥상머리 독서토론

<우리 가족의 독서토론 리스트>

1. 백만 번 산 고양이 / 사노 요코

2. 가난뱅이 루텍의 선택 / 김진락

3. 핑스 / 이유리

4. 개를 훔치는 완벽한 방법 / 바바로 오코너

5. 엄마 마중 / 이태준

6. 빨간 머리 앤 / 루시모드 몽고메리

7. 김박사는 누구인가 / 이기우

8. 바닷가 탄광마을 / 조앤스워츠

1. 백만 번 산 고양이 / 사노 요코

    백만 년이나 죽지 않는 고양이가 있다. 임금님, 뱃사공, 마법사, 도둑, 할머니, 어린아이의 고양이가 되어 사랑을 받았지만 고양이는 행복하지 않았다. 이 작품은 성인 독서회와 친구 독서회에서도 다루었다. 하지만 재밌고 좋은 작품이라 가족과 밥을 먹으며 다시 이야기 하고 싶어졌다. 책을 선정한 아빠가 발제를 맡았다.

백만 번을 사는 것은 좋을까요?

아들 : 백만 번 살고 싶지 않다. 백만 번 살기 위해서는 백만 번 죽어야 하는데 그게 싫다.

아빠 : 죽는 것은 말한 대로 별로지만, 나는 백만 번 사는 것이 좋다. 불멸의 존재는 매력적이다.

엄마 : 장단점이 다 있다. 어떤 상황에서 다시 살게 될지 고양이는 정할 수 없다. 그냥 다시 태어났을 때의 환경에서 살아야 한다는 것이 싫다. 하지만 영원히 사는 것은 나쁘지 않다. 매번 상황이 바뀌는 것이 마치 여행을 가는 기분이 든다.

임금님, 뱃사공, 마술사, 도둑, 어린아이, 홀로 사는 할머니는 고양이가 원하는 삶이 아니라 그들이 원하는 삶에 고양이를 함께 하게 했습니다. 고양이라면 그들 중 누구랑 사는 것이 제일 좋을까요?

가족 모두 홀로 사는 노인이라고 했다. 유일한 자연사이기 때문이다. 하지만 아들은 고양이가 할머니와 살 때도 행복해 보이지 않아서 슬프다고 했다.

가장 인상적인 문장은?

아들 : '고양이는 하얀 고양이 곁에서 조용히 움직임을 멈췄습니다'가 기억에 남는다. 다른 사람들과 살 때는 고양이가 죽었다고 했지만 마지막에 고양이가 정말 죽었을 때는 움직임을 멈췄다. 죽음과 움직임을 멈추는 것을 다르게 표현한 것이 멋졌다.

아빠 : 죽음과 움직임을 멈췄다는 어떤 차이가 있었을까?

아들 : 죽음이라는 말보다 움직임을 멈췄다는 말에 감정이 더 담긴 것 같은 생각이 든다.

엄마 : '고양이는 처음으로 울었습니다'라는 문장이 좋았다. 고양이는 다른 사람들과 살 때 죽으면서 울지 않는다. 사

람들은 모두 고양이를 사랑해서 많이 슬퍼하지만 고양이는 슬퍼하지 않는다. 고양이가 그들을 선택하지 않았기 때문에 그들을 떠날 때도 슬프지 않았지만 하얀 고양이는 자신이 선택했기 때문에 하얀 고양이가 죽었을 때 처음으로 눈물을 흘린 것이다.

아빠 : '고양이는 처음으로 자기만의 고양이가 되었다.' 백만 번이나 다른 사람의 고양이로 살았던 고양이가 처음으로 자기만의 삶을 살게 되었다는 것이 좋았다.

왜 하얀 고양이에게 백만번 산 고양이는 유독 끌렸을까요?

아들 : 다른 고양이들과 사람들은 모두 고양이를 일방적으로 좋아했고 질척거렸다. 하지만 하얀 고양이는 그러지 않는다. 늘 선택받던 고양이에게 선택의 기회를 준 것, 늘 사랑받던 고양이에게 모두가 좋아하지 않을 수도 있다는 것을 알게 해 줬다. 그래서 끌렸다.

고양이는 왜 울었나요?
왜 사람들은 가족이 죽으면 슬퍼하나요?

아들 : 고양이에게 하얀 고양이는 처음으로 가족이었기 때문에 울었다. 다른 사람들은 가족으로 생각하지 않았다.

아빠 : 가족이 죽으면 왜 슬플까요?

아들 : 죽으면 살아있는 사람에게 아무런 영향도 주지 않고, 아무것도 함께 할 수 없으니 슬프다.

엄마 : 맞다. 함께 할 수 없기에 슬프다.

죽음이란 무엇인가?

아들 : 살아있는 사람에게 아무것도 해 줄 수 없는 것이다.

엄마 : 함께 하지 못하는 것이다.

육체는 살아 있지만 정신은 죽은 식물인간, 살아있는 것일까?

아들 : 살아있는 것이 아니다. 왜냐하면 정신이 죽은 사람은 주변 사람에게 아무런 영향을 줄 수 없기 때문이다.

아빠 : 그럼 정신이 죽은 사람의 생명 연장을 계속하는 이유는

무엇일까?

아들 : 그것은 좋아하기 때문이다. 이미 죽었다고 생각하지만 좋아하기 때문에 곁에 두는 것이다. 좋아하는 장난감이 망가져도 버리지 않고 계속 간직하고 싶은 마음과 같다.

이 짧은 동화로 존엄사에 대해서도 생각해 볼 수 있었다. 『백만 번 산 고양이』는 자녀와 밥상머리 가족 독서토론을 하기에 정말 좋은 작품이다.

2. 가난뱅이 루텍의 선택 / 김진락

남을 돕는 것이 어려울까? 남을 돕지 않는 것이 어려울까?

'착하게 살아야 한다.'
소설 『레미제라블』은 착하게 살아가라는 말 대신 착하게 사는 일이 얼마나 어려운지 장발장을 통해 말하고 있다. 동화 『가난뱅이

『루텍의 선택』은 착하게 살지 않는 것이 얼마나 어려운지 말하고 있다. 이 책은 아들이 오래전에 어린이 시사 잡지에 수록된 것을 읽고 나에게 들려준 이야기였다. 짧은 이야기지만 읽는 것만으로 많은 것을 생각하게 하는 글이었다.

마음이 따뜻한 사람들이 아프고 힘든 사람을 돕지 않고 버티는 것이 얼마나 어려운지 이 동화는 말하고 있다. 세상이 이렇게 따뜻하고 강한 마음을 가진 사람들로 인해 지금처럼 잘 돌아가고 있다는 생각이 든다.

엄마 발제문

루텍은 왜 자신을 위해서만 돈을 써야 하는 규칙을 지키지 못했을까?

아들은 왜 제목이 가난뱅이 루텍의 선택인지, 그냥 루텍 이라고 하면 될 텐데 라고 했다. 가난뱅이라는 말이 루텍을 무시하는 말 이라고 했다. 아들의 말을 들으니까 그 이유를 알겠다. 가난하기 때문에 오히려 루텍은 가난한 사람들을 그냥 지나칠 수 없었다. 자신이 가난뱅이였기 때문에 가난한 사람들의 마음을 더 잘 이해할 수 있었다. 욕심쟁이가 가난한 사람을 돕는 것이 힘든 것처럼 착한 사람이 가난한 사람을 돕지 못하는 것 또한 힘든 일이라는 것. 세상은 가난하지만 착한 사람들 때문에 아름답다.

만약 나라면 가난한 사람들을 돕고 보물을 포기할 수 있었을까?

아들은 가난한 사람을 돕겠다고 했지만 막상 그 상황이 되면 쉽지는 않을 거라고 했다. 아내는 눈 딱 감고 버텨볼 작정이라고 했다. 엄청난 보물을 얻게 되면 다시 찾아갈 작정이라고. 하지만 엄청난 보물을 얻게 되면 부자가 되었다는 사실에 도취되어서 그 사람들을 잊을지도 모르겠다.

부자들이 기부를 하거나 세금을 더 내야 할까?

아들은 돈이 많으니까 더 내도 될 것 같다고 했지만 왜 그래야 하는지는 말하지 못했다. 부자들은 왜 기부를 하거나 세금을 더 많이 내야 할까? 부자들의 돈이 그들만의 돈이 아니기 때문이다. 아내도 재산을 사회에 환원하지 않는 부자들을 비난하거나 세금을 더 내게 하는 것에 대해 설명하기 힘들었고, 납득하기도 쉽지 않다 했다.

세상은 혼자 살 수 없는 것처럼 혼자 부자가 될 수 없다. 기업이 좋은 물건을 만들어도 사는 사람이 없다면 수익이 날 수 없다. 기업을 유지하는 것도 회장 한 사람이 아니라 많은 직원들이 있어서 가능하다는 것을 이야기했다.

가난한 사람들을 도우면 부자는 어떤 점이 좋을까?

아들은 세상에 가난한 사람들이 많아지면 부자들도 살기 어려워질 것이라 했다. 어차피 세상은 혼자 살 수 없기 때문이다. 코로나로 인한 펜데믹처럼 세상은 돌고 돈다. 혼자만 잘살고, 혼자만 잘 지킨다고 세상이 달라지지 않는다.

가난한 사람들은 남을 도울 수 없을까?

남을 돕는 일은 돈으로만 가능한 것은 아니다. 아이와 매년 설에 독거 노인분들께 선물을 배달하는 일을 했다. 아름다운 가게를 통해 명절 선물을 받아서 직접 배달만 하면 되는 일이다. 정해진 날에 4명의 어르신들을 찾아갔다. 어르신들을 방문하면서 이 배달의 목적을 알게 됐다. 단순히 선물을 전달하는 것이 아니었다. 어르신들은 누군가가 자신을 찾아왔다는 것에 굉장히 행복해했다. 커피나 고구마를 주시면서 먹고 가라며 기꺼이 문을 열어주시는 분들도 있었다. 어르신들은 우리에게 자신이 살아온 인생을 이야기하거나, 몸이 아픈 넋두리를 한참 동안 하셨다. 우리는 가벼운 호응과 함께 이야기를 들어드릴 뿐이었다. 집을 나올 때 우리 손을 꼭 잡으시면서 고마워하실 때 우리 가족은 마음이 따뜻해졌다. 남을 돕는다는 것은 곧 나를 돕는 것이다. 돈이 없어도 약간의 시간과 마음만 있다면 누구나 나눌 수 있다. 아들은 그때의 시간을 다시 이야기 하며, 남을 돕는 것이 멀고 힘든 것이 아니라고 말했다.

3. 핑스 / 이유리

세상을 구하는 작지만 선한 선택

『핑스』는 제6회 스토리킹 수상작이다. 스토리킹은 아이들이 심사위원을 맡아서인지 초등학생들 대부분 좋아한다.

코로나로 집에서 보내는 시간이 길어졌지만 재밌는 책으로 답답함을 이겨 내고 있다. 아이는 독서회를 함께 하는 친구의 추천으로 스토리킹 수상작을 다 읽었는데 그 중 『핑스』를 가족 독서회 책으로 선정했다. 얼마 전 개봉한 『승리호』를 보면서 핑스와 비슷한 스토리라는 생각을 했다. 우주라는 공간에서 펼쳐지는 다양한 외계인들의 이야기와 외계 생명체의 모습이 재미있다. 핑스라는 새를 차지하려는 사람들의 욕심도 같이 생각해 볼 수 있었다.

아들 발제문

스헬이 가지고 간 캡슐이 민이의 캡슐인 줄 알고 재이는 스헬을 뒤따라가게 되는데, 스헬은 어떻게 신시에 하나뿐인 아동용 캡슐을 가지고 있었을까요?

한참을 이유를 찾았지만 찾지 못한 답이었다. 작가가 이 부분을 놓쳤다고 생각한다. 분명 신시에는 아동용 캡슐이 하나라고 했는데 스헬은 아동용 캡슐에 있는 론타를 납치했던 것이다. 우리는 재이가 아동용 캡슐이 하나라고 착각했거나 스헬이 다른 우주선을 통해 신시로 가지고 왔다고 생각할 수 있다는 결론을 내렸다.

재이는 스헬과 레드빈이 사라진 틈을 타 우주선에서 도망치는데요. 차라리 우주선 안에 있는 것이 더 안전했을까요?

　아들은 행성으로 나가는 것이 안전하다고 했고, 아내는 우주선에 있는 것이 안전하다고 했다. 아내는 행성이 어떤 곳인지 모르는 상태로 나가는 것이 위험하다고 생각했는데, 아들과 나는 스헬과 레드빈이 돌아오면 우주선에서는 도망칠 공간이 없기 때문에 더 위험하다고 했다. 낯선 공간을 두려워하는 평소 아내의 성격이, 가능성을 열어두고 문제를 해결하려는 아들과 나의 평소 성격이 잘 드러나는 답변이었다.

    론다의 권유로 우주 애벌레 가오롭을 먹게 된 재이는 처음에는 가오롭을 먹지 않으려 합니다. 나라면 가오롭을 먹을 수 있을까요?

　배가 고팠던 재이는 처음에는 벌레 모양의 가오롭을 먹지 못하지만 론다의 권유로 먹어보고는 가오롭 맛에 반한다. 가오롭은 알고 봤더니 맛도 있고 영양가도 좋았다. 우리의 미래 식량이 벌레라는 것을 생각하면 가오롭을 먹지 못할 이유는 없지만 우리 가족은 아직 벌레에게 마음을 열지 못했다. 아들과 나는 그래도 벌레의 모습이 아닌

빵이나 과자 같은 모양이면 먹을 수 있다고 했지만 아내는 벌레가 들어갔다는 사실만으로도 먹을 수 없다고 했다. 아내에게 가오롭이나 밀웜 같은 꿈틀이들은 감당하기 힘든 공포 그 자체다.

핑스를 전쟁에 이용하려는 푸엉인들은 무엇을 나타낼까요?

아들은 핑스가 지구의 석유 같다는 생각을 했다. 언젠가 신문에서 읽은 기사를 떠올렸다. 석유 때문에 전쟁이 일어났고, 무고한 사람들이 목숨을 잃었기 때문이다. 가치가 있는 것을 독차지하려는 지구인처럼 우주에서도 비슷한 전쟁이 일어난 것이다. 핑스들은 그런 전쟁을 멈추기 위해 우주에서 모습을 숨긴다. 지구에서 석유가 없어진다면 전쟁도 멈출 수 있을까?

안개(행성에서 핑스를 보호하던 하얀 구름)는 왜 핑스의 알을 보호하려 했을까요?

아내는 행성이 원래 생명이 살 수 없는 죽은 별이었지만 핑스로 인해 살아났다고 했다. 안개는 아마 그런 이유로 핑스를 보호하는 것 같다. 아들도 안개는 힘이 약하지만 서로 힘을 합쳐서 핑스를 보호한다고 생각했다. 세상을 구하는 것은 강한 힘을 가진 존재나 돈 많은 누군가가 아니라 안개처럼 작은 존재들의 작은 마음들이 아닐까 하는 생각을 했다.

민이를 구하기 위해 재이는 핑스의 알을 가지고 가려합니다. 재이가 한 행동이 스헬이나 레드빈과 다르다고 할 수 있을까요?

재이는 동생을 구하기 위해 핑스의 알을 들고 도망간다. 동생을 구하기 위해서는 어쩔 수 없다고 생각한다. 스헬도 그런 마음일 것이다. 어쩌면 레드빈 역시 돈을 구해야 하는 어쩔 수 없는 이유가 있을지도 모른다. 아들은 알을 들고 도망치는 재이의 모습이 그려진 표지가 이 책의 주제를 드러낸다고 이야기 했다.

코로나로 인해 백신이 간절하다. 선진국들은 백신을 구해서 접종을 시작했지만 그렇지 못한 나라가 너무 많다. 코로나 검사부터 백신이나 치료제까지 구하기 힘든 나라들, 그 사람들은 지금 어떤 마음일까?

재이는 핑스의 알을 돌려준다. 그리고 그 알에서 부화한 핑스는 론타의 노래를 듣고 눈물을 흘린다. 그 눈물로 치료제를 개발하고 지구인들 대부분이 값싼 치료제를 구할 수 있게 된다. 재이의 선한 선택이 가져다준 결과였다.

지구를 위한 재이의 선한 선택을, 지구촌의 많은 지도자들이 함께 했으면 좋겠다. 지금의 지구 문제는 어느 한 나라, 어느 한 사람만 잘해서 살아남을 수 있는 것이 아니다. 판타지 소설처럼 현실에서도 같이 살기 위한 선한 선택이 필요하다.

4. 개를 훔치는 완벽한 방법 / 바바로 오코너

조지나 가족의 아슬아슬 생존기

11살 조지나는 아빠가 갑자기 떠나고, 집세를 내지 못해 차에서 동생 토비와 엄마와 지내고 있다. 조지나는 가장 친한 친구 루앤이 자신의 상황을 알게 되자 차에서 지내는 상황에서 벗어나기 위해 개를 훔치기로 한다. 개를 훔쳐서 받은 사례금으로 집을 구하려는 것이다. 조지나는 개를 훔치는 완벽한 방법을 계획한다. 꼼꼼하게 계획을 세우지만 조지나의 계획은 계속 어긋난다. 완벽한 개를 훔쳤다고 생각했는데, 개의 주인인 카멜라는 사례금을 줄 돈이 없었고, 조지나는 개를 잃고 힘들어하는 카멜라 아줌마에게 점점 죄책감을 갖는다.

아들과 함께 읽고 싶었다. 11살 같은 나이의 조지나를 만나며 아들이 어떤 생각을 할지 궁금했다. 아들은 책을 읽기 시작하자 멈추지 못하고 하루 만에 읽었다. 조지나가 어떻게 될지 궁금해서 잠이 안 온다며 밤늦게까지 책을 다 읽었다.

조지나는 아빠를 원망하지만 그리워하지 않습니다. 오히려 자신들이 집에서 쫓겨나 차에 산다는 것을 친구들이 알까 봐 두려워합니다. 나라면 어떨까요?

아들은 소녀 조지나의 마음을 다 이해하지는 못했다. 하지만 집이 없다는 것, 친구들과 내가 다르다는 것은 함께 속상해 했다.

엄마가 세탁소에서 잘리고 낡은 집으로도 갈 수 없자 조지나는 개를 훔치기로 마음을 정합니다. 조지나를 이해하나요?

이해한다. 상황이 너무 안 좋기 때문이다. 아들에게 다시 질문했다. 상황이 나쁘면 죄를 지어도 되는 걸까요?

그렇지는 않지만 조지나는 상황이 너무 안 좋아서 개를 훔칠 수밖에 없다고 생각했다. 죄가 없다는 것은 아니라고 대답했다.

카멜라 아줌마는 왜 조지나를 용서했을까요? 나라면?

아들은 조지나가 솔직하게 자백했기 때문에 카멜라 아줌마가 조지나를 용서한 것 이라고 했다. 아내는 카멜라 아줌마가 착하기 때문에 용서한 것이라 생각했다. 부모라면 솔직하게 말한 조지나를 용서하지 않을 수 없다.

무키 아저씨는 조지나가 개를 훔친 사실을 알면서도 왜 모른 척 했을까요?

'때로는 휘저으면 휘저을수록 더 고약한 냄새가 난다.' 이 말을 조지나 에게 해주면서 조지나 스스로가 깨닫게 하고 싶었다.

혼자 빈집에 있는 윌리의 마음은?

무섭고 외로웠을 것이다. 그리고 음식이 달라서 힘들었을 것이다. 어쩌면 버림받았다고 생각했을지도 모른다.

카멜라 아줌마를 보면서 조지나는 죄책감을 느끼게 됩니다. 만약 카멜라 아줌마가 조지나의 처음 짐작대로 부자였다면 조지나는 죄책감으로 괴로워하지 않았을까요?

카멜라 아줌마가 부자였다면 조지나는 괴로워하지 않고 사례금을 받았을 것이다.

여기서 다시 질문했다. 부자의 개를 훔치는 것과 가난한 사람의 개를 훔치는 것 중 어느 쪽이 더 나쁠까요?

아들은 가난한 사람의 개를 훔치는 것이 더 나쁘다고 했다. 다시 물었다. 개를 잃어버렸을 때 부자와 가난한 사람 중 누가 더 힘들까?

아들은 가난한 사람이 더 힘들다고 했다. 조지나 에게 감정이입이 된 듯 아들은 조지나 에게 유리한 방향으로 얘기했다. 조지나가 카멜라 아줌마의 개를 훔친 것이 잘못된 행동이긴 했지만 조지나는 어쩔 수 없었다는 것이다. 어쩔 수 없는 상황이라면 죄가 가벼워질까 물으니 그건 아니지만 조지나는 어쩔 수 없었다는 말을 반복했다. 그리고 부자는 아무래도 많이 가졌으니까 덜 힘들다고 했다. 시간이 지나면 아들의 생각이 또 바뀔지도 모르겠다. 조지나의 마음과 아들의 마음이 하나가 되어 갔다.

5. 엄마마중 / 이태준

추워서 코가 새빨간 아가가 아장아장 전차 정류장으로 걸어 나왔습니다. 그리고 '끙'하고 안전지대에 올라섰습니다. 이내 전차가 왔습니다. 아가는 갸웃하고 차장더러 물었습니다.

"우리 엄마 안 오?"

(중략)

아가는 바람이 불어도 꼼짝 안 하고, 전차가 와도 다시는 묻지도 않고, 코만 새빨개서 가만히 서 있습니다.

안타까움과 아련함의 깊이가 가늠이 안 되는 작품이다. 김동성 그림 작가가 그린 그림이 더해지면 더 아련하고 애잔하다. 모두 바쁘게 어디론가 가고 있는 사람들 속에서 이제는 혼자 전차 역에 서 있는 아이는 정말 세상 속에 혼자 있는 것처럼 보인다.

김동성 그림 작가의 따뜻한 마음이 담긴 그림이다. 하지만 이태준 작가는 엄마를 만나지 못하고 아직도 전차 역에서 떨고 있을 것을 생각하니 마음이 아프다.

우리는 그림책을 단숨에 읽었다. 그리고 느낌을 이야기했다. 이렇게 어린아이가 혼자 전차역까지 나온다는 것이 이해가 안 되는 아들과 부모가 되고 읽으니 더 애잔한 엄마 아빠의 마음을 이야기했다.

아들은 아이가 '우리 엄마 안 오?'라고 묻는 그림이 재미있다고 한다. 아이의 말투가 재미있다고 한다. 가장 슬픈 그림은 모두 바쁘게 집으로 가는 것 같은 저녁에 혼자 길에 서 있는 아이의 그림이다. 이제는 전차를 기다리는 사람도 없이 전차 역에는 아이만 남았다. 아들은 아이가 이 그림에서 정말 혼자 있는 것 같아서 슬프다고 한다. 아마 이 그림책을 보는 사람들 대부분 그런 마음이 들 것 같은 그림이다.

다시 그림책을 꼼꼼히 살핀다. 전차를 기다리는 사람들이 바뀌는 모습들, 전차가 오는 장면이 동화처럼 밝은 이유를 생각하니 엄마를 기다리는 아이의 간절함이 전해진다.

이 책을 읽은 사람들은 누구나 아이가 엄마를 만났을까 궁금해하고 걱정한다. 이태준의 글에는 엄마를 만나는 장면이 없다. 어린 나이에 부모를 잃은 작가의 아픔이 투영된 결말이다. 김동성 그림 작가는 아이에 대한 짠한 마음에 마지막에 엄마 손을 잡고 사탕을 들고 가는 아이의 뒷모습을 그렸다. 이 장면을 보기 전까지 나는 마음이 아프고 짠했는데 김동성 그림 작가의 의도이긴 하지만 이 장면이 나에게 큰 위안이 되었다. 끝내 엄마를 만나지 못한 이태준 작가에게 연민이 갔다.

온라인으로 김동성 그림 작가의 강연을 들었을 때, 아이가 작가에게 질문했다. 만약 이태준 작가를 만나면 어떤 말을 해주고 싶냐고. 김동성 그림 작가는 꼭 안아주고 싶다고 했다. 평생을 오지 않을 엄마를 기다려온 이태준 작가의 추운 마음을 안아주고 싶다고 했다.

이태준 작가는 월북 후에도 추운 삶을 살았을 것이다. 작가의 책을 읽으면 마음이 따스해지는데 정작 작가는 얼마나 추웠을까? 아들은 이태준 작가의 『몰라쟁이 엄마』를 좋아했다. 읽고 읽고 또 읽고. 엄마에게 하루 종일 질문을 하는 아이와 엄마의 모습은 아들과 아내의 모습 같다. 이태준 작가는 아마 그런 시간을 그리워했을 것이다. 시시한 질문을 하고 엄마는 몰라 대답하고. 우리가 가진 작지만 커다란 일상에 대한 가치가 고스란히 담긴 이태준 작가의 작품은 아이들에게도 어른에게도 정말 좋은 작품이다.

6. 빨간 머리 앤 / 루시모드 몽고메리

마릴라는 절망의 구렁텅이에 빠졌을까?

몇 년 전 우리 동네 도서관에서 김영하 작가가 강연을 했다. 강연 제목이 책 읽기의 즐거움과 괴로움이었다. 도서관에 책을 빌리러 갔다가 이 현수막을 본 아들은 강연을 꼭 듣고 싶다고 했다. 그때 초등학교 2학년이었던 아들은 책 읽기의 즐거움은 알겠는데 괴로움은 이해할 수 없다고 강연을 들어봐야겠다는 것이다.

강연에서 작가님은 책을 읽는 것은 지금 내가 있는 곳이 아니라 또 다른 세계로 갈 수 있는 여행의 즐거움이라고 말했다. 그리고 책을 읽는 괴로움은 책 읽기를 강요할 때 온다는 것이다. 아내는 아들을 임신했을 때부터 책을 읽어주고, 태어난 지 한 달부터 책을 읽어주기 시작했다. 지금도 우리 부부는 아들이 원하면 언제든지 책을 읽어주지만 요즘은 아들이 혼자 읽는다. 아내는 『빨간 머리 앤』이 마음에 들어 몇 번 도서관에서 빌려봤는데 아들은 좀처럼 관심을 보이지 않았다. 아내는 빨간 머리 앤을 곁에 두고 싶어 결국 구입을 했고 책장에 꼽아 두었다. 해리 포터를 다 읽은 아들이 뭔가 다른 책이 없나 입맛을 다시다 빨간 머리 앤을 집어 들었다.

   1장을 읽은 아들은 앤이 처한 상황에 놀라서 다음 2장을 읽고, 결국은 책을 다 읽고야 말았다. 책을 읽으면서 아들은 앤의 상황을 걱정하고, 앤이 초록 지붕 집에서 지내면서 일으킨 사고에 대해 고자질하듯 엄마에게 말했다. 그렇게 아들은 이틀 만에 책을 다 읽었다. 가족 독서회에 아들은 『빨간 머리 앤』을 추천했고, 직접 발제문을 썼다.

기차역에서 초록 지붕 집으로 올 때 행복해하는 앤을 보면서 매슈 아저씨의 마음은 어떠했을까?

마차를 타고 가면서 꽃이며 호수에 매혹된 앤을 볼 때 아들은 안타까워했다. 세상에서 제일 속상한 것은 줬다 뺏기라고.

마릴라는 절망의 구렁텅이에 빠져 본 적이 없다는데 정말일까요? 그리고 맞다면 마릴라는 애초부터 그 개념을 쓰지 않는 현실적이고 차가운 사람일까요?

아들에게는 절망의 구렁텅이에 빠진 경험이 있었을까? 있다고 한다. 1학년 때 다른 곳으로 이사를 간 절친과의 이별이다. 나는 그때 아들의 마음에서 영화 〈인사이드 아웃〉을 봤다.

다이애나를 취하게 만든 일과 진통제 레이어 케이크 사건은 마릴라와 앤 중 누구의 책임이 더 클까요?

아내와 아들은 마릴라의 잘못, 나는 냄새로라도 확인하지 않은 앤의 잘못도 있다고 생각했다.

'도전 놀이'에서 조시 파이가 지붕 위에 올라가라고 했을 때 앤은 왜 굳이 올라갔을까요?

고아라는 열등감이 앤을 위험한 놀이에 도전하게 한 것 같다는 엄마 아빠의 생각과 달리 아들은 앤이 잘난 척하려고 했다고 한다.

'죽음이라는 이름의 신'에서 매슈가 죽었을 때, 마릴라 앞에서 언급한 '절망의 구렁텅이에 빠졌을까요?

아들의 발제문 중 가장 좋았다. 매슈와 마릴라는 특별한 남매다. 그래서 마릴라는 매슈의 죽음이 고통스러웠다. 마릴라의 슬픔을 아들이 어렴풋이라도 이해하는 것 같아서 좋았다.

그리고 앤이 있어서 다행이라고 우리는 이야기했다.

길버트 블라이드는 왜 에이번리에서 학생들을 가르치지 않고 앤에게 양보했을까요?

길버트와 앤 사이의 관계는 아이가 다 이해하지는 못했지만 앤에게 양보한 길버트는 앤을 좋아한다고 했다.

길버트 블라이드가 1등을 했을 때와 앤이 에이번리 장학금을 받았을 때 앤의 감정은 어떻게 달랐을까요?

길버트가 1등을 해서 앤이 속상했겠지만 다행히 장학금을 받아서 기분이 좋았다. 두 사람 모두가 행복한 결말이라 다행이다.

앤이 겪거나 일으킨 사고에 아이가 순위를 매겼다. 앤이 사고 치는 이야기를 하면서 앤은 정말 못 말린다고 말하는 아들을 보면서 웃음이 났다. 집 곳곳에 본인이 남긴 장난의 흔적들이 내 눈에만 보이는 걸까?

7. 김박사는 누구인가 / 이기우

"아빠가 아무리 책을 읽어도 모르겠는데 아들아 김박사가 누군지 생각해 보고 말해줄래?"

이기우 작가의 책 『김박사는 누구인가』를 읽고 아들에게 물었다. 책을 읽으라고 강요하지 않고 퀴즈를 푸는 것처럼 질문만 던졌다. 아들은 제목에 끌렸는지 퀴즈에 끌렸는지 단숨에 내 책을 읽고 답해줬다. 김박사는 주인공의 아빠라고 생각해요.

우리 가족이 이 책에서 김박사의 정체를 고민한 것은 한 달 전이었다. 아들은 가끔 'Who is Dr. Kim?'라고 중얼거린다. 가끔 우리는 김박사가 누구인지 이야기를 나누지만 여전히 결론을 내리지 못하고 있다. 이 짧은 단편이 우리의 생활에 뿌리내리고 사라지지 않고 있다. 너무나 궁금했기 때문이다. 도대체 김박사가 누구냐고? 작가에게 전화해서 물어보고 싶다.

고시공부를 하는 최소연은 시험에 떨어진 후부터 타인에게 욕을 하라고 명령하는 환청에 시달린다. 실제로 욕을 한 적은 없지만 그렇게 될까 봐 최소연은 점점 불안해진다. 소설은 최소연이 질문하고 김박사가 대답하는 형식이다. 김박사는 최소연 에게 환청이 들리게 된 기원을 찾으라고 한다. 최소연은 어린 시절 엄마가 수첩에 적힌 사람들에게 욕을 하던 것을 기억해낸다. 그리고 자신이 알지 못하는 일이 그때 엄마와 아빠 사이에 있었다는 것을 알게 된다. 엄마와 아빠를 찾아가 그때 무슨 일이 있었는지 물어보고, 아빠는 그 후

집을 나간다. 김박사에게 상담하면 할수록 일상이 망가져 버린 최소연은 김박사에게 김박사 엄마의 이야기를 해달라고 한다. 김박사는 죄책감 가지지 말라는 말만 할 뿐 자신의 이야기를 하지 않는다. 그리고 소설은 약 올리듯 김박사에 대한 이야기를 하라면서 빈칸을 던져주고, 최소연의 절규와 같은 욕으로 끝이 난다.

가볍지 않은 고민을 던져주는 이기우 작가의 여러 작품 중 이 작품이 가장 우리 가족을 괴롭게 했다. 그리고 그만큼 재밌었다. 우리는 작품 안에서 누가 김박사인지 추리하기 위해 노력했다. 문제는 작품 속의 모든 인물을 김박사라고 해도 이상하지 않았다. 반대로 모든 인물이 김박사가 아닌 것 같다. 책 속의 빈칸은 다른 사람들은 모두 아는 답을 나만 모르는 것 같은 패배감을 주었다. 동시에 아마 다른 사람들도 모두 김박사가 누구인지 모를 거라고 생각하며 위안을 받기도 했다. 우리 가족은 아직도 김박사가 누구인지 알아내지 못했지만 한 가지 놀라운 것은 알게 되었다. 이기우 작가는 역시 잘 쓰는구나. 부럽구나!

아들은 김박사가 누구인지 정말 궁금하다며 이기우 작가에게 꼭 물어보고 싶다고 했다. 우리는 함께 이메일 주소를 찾아냈고, 아들은 결국 이기우 작가에게 편지를 썼다. 아직 답장은 오지 않았다.

8. 바닷가 탄광마을 / 조앤스워츠

이 작품도 나의 성인 그림 독서회에서 다루었던 작품이다. 나는 이 책을 아빠의 관점에서 읽었다. 아들과 아내는 어떻게 읽을까 궁금해서 가족의 밥상머리 독서토론으로 함께 했다.

매일 아침 소년은 잠에서 깨어 바다를 바라본다. 소년은 친구와 놀고, 가게에 엄마 심부름을 가고, 할아버지의 묘지를 방문하며 하루를 보낸다. 그러면서도 항상 마음속으로는 바다 아래에서 석탄을 캐는 아버지를 생각한다. 그리고 자신도 할아버지나 아버지처럼 석탄을 캐는 일을 하게 될 것이라 생각한다. 소년은 왜 탄광이 있는 바다를 매일 바라보면서 아빠를 생각했을까?

'우리 집은 벼랑 위에 있습니다.'

벼랑 끝에 있는 우리 집처럼, 광부 아버지의 일은 언제 잘못되어도 이상하지 않을 만큼 위험한 일이다. 작가가 밝힌 데로 우리의 삶은 광부들, 그리고 사회의 수많은 사람들에 의해 유지되고 빛나고 있는지 모른다. 석탄이 자신을 태워 불을 밝히고 세상을 따듯하게 해주듯 광부들의 삶은 고되고 힘들지만 그 어떤 직업보다 의미 있고 가치 있는 일이다. 작가의 말처럼 우리는 값싼 동정 대신 빚진 자의 마음으로 그들에게 감사해야 한다.

'우리 아빠는 광부예요. 바다 저 아래 깊은 곳에 있는 탄광에서 일하지요.'

출근을 하는 아빠의 옷은 깨끗하다. 탄광으로 들어가는 순간도 아빠는 웃고 있다. 자신의 일을 행복으로 여기고 있는 사람들. 아들과 우리 사회 광부들은 누구일까 이야기를 나누었다. 화마와 싸우고 있는 소방대원들. 위급한 순간 슈퍼맨처럼 빛의 속도로 찾아와주는 119구급대원들. 경찰. 환경미화원. 안전사고에 노출되어 있는 수많은 노동자들. 펜데믹 시대의 의료진들. 그리고 각자의 자리에서 자신의 일을 묵묵히 하고 있는 모든 사람들. 아들의 말대로 마스크를 쓴 모든 사람들이 이 시대의 영웅이다. 그렇게 생각한 아빠였기에 아이는 일어나자 마자 바다를 아빠를 바라본다. 찬란한 태양이 다시 떠오르듯 그들은 바다 위로 떠오른다. 테라스에 평화롭게 앉아 서로의 온기를 느낄 수 있는 가족의 행복으로 거듭난다.

'나는 광부의 아들이니까요. 우리 마을에서는 다들 그렇게 하니까요'

아이의 마지막 이야기가 처음에는 숙명처럼 다가와 부모의 입장에서는 마음이 많이 아팠다. 엄마도 지금 내가 하는 일을 안쓰러워한다. 어린 시절 나는 장사를 하는 엄마를 부끄러워했다. 엄마가 우산을 가져온 그 날, 나는 엄마를 피해 아주 멀리 돌아갔다. 도망가는 나를 보지 못했을 것이라 확신했다. 엄마는 더 이상 학교에 오지 않으셨다.

아빠가 되어 어느새 같은 일을 하는 나를 아들은 작품 속 아들처럼 한 번도 부끄러워하지 않았다. 친구들에게도 서슴없이 말하고 가끔 가계에도 놀러 온다. 글을 쓰는 아빠도, 장사하는 아빠도, 축구를 같이 하는 아빠도 다 그냥 다 내 아빠다. 라고 이야기한다.

나는 엄마에게 왜 그러지 못했던 걸까. 얼굴이 화끈거리고 죄스러울 뿐이다.

한 권의 책을 읽고 자신을 돌아보고 가족과 함께 이야기할 수 있는 밥상머리 독서토론이 나에게는 행복의 시간이다.

'꽃이 있으려면 땅이 있어야 한다.'는 아들의 감상평처럼 예쁜 꽃이 피기 위해서는 땅속 눈에 보이지 않는 수많은 도움이 있다. 타인과 세상을 바라보는 따듯한 마음과 시선을 이 책에서 아들의 이야기에서 다시 한번 되짚어 본다. 아내는 토론이 끝나고 『석수장이 아들』이라는 책을 도서관에서 다시 빌려왔다. 아들이 8살 때 책 놀이로 읽었다고 한다. 아들은 그때보다 더 재밌어 했다.

우리 가족의 게릴라 독서회는 늘 현재진행형이다. 나의 독서회는 하나 더 늘었다. 영미문학을 다루는 독서회를 시작한 것이다. 그런 이유로 요즘 우리 가족은 밥을 먹다 『햄릿』의 선택을 이야기 한다.

3. 엄마와 함께하는 책 놀이

행복한 눈사람 / 슈테판 카르히

아이가 8살 때 학교에서 아프리카 어린이를 위한 기부금을 자유롭게 가지고 오라는 안내문을 보냈다. 아이는 아프리카 아이들의 사연을 영상으로 보고 많이 슬퍼했다. 집에 있는 몇 세트의 색연필과 연필들을 다 주고 싶다고 했다.

"아들아 아프리카 친구들을 위해 이 빵 저금통에 얼마를 넣고 싶어?"

한참을 고민하던 아이가 말했다.

"엄마 제 통장에 얼마 있어요? 그 통장에 있는 돈을 모두 넣고 싶어요."

순간 나는 멈칫했다. 통장에 있는 돈을 다? 아이가 원하지만 좀 아까웠다. 통장에는 아이가 받은 세배돈과 어른들이 준 용돈들이 모여 거의 이백만 원 가까이 있었다. 아이가 원하는데 아이는 아깝지 않다는데 나는 아까웠다. 그래서 아이에게 통장에 있는 돈은 밤에 인출하기 어려우니까 네가 모은 동전 주머니를 주면 어떨까? 좋아요! 그렇게 해서 동전 저금통에 있는 몇 만 원으로 기부를 했다. 휴! 정말 다행이었다.

아이는 외동이라 그런지 남에게 줄 때 아까워하지 않았다. 그래서 뿌듯하기도 하지만 이렇게 다 주는 것이 좋은 걸까? 아이가 더 크면 이런 성격이 오히려 아이에게 나쁘지 않을까 하는 걱정이 되기도 한다. 아이와 함께 모두 다 주고 녹아서 사라지면서도 행복하다는 행복한 눈사람을 읽고 이야기를 나누면서 눈사람을 만들어 보기로 했다.

눈사람은 눈은 토마토, 코는 당근, 입은 오이다. 추운 겨울에 먹을 것이 없어서 찾아온 동물들에게 눈사람은 눈코 입을 모두 주고도 행복해한다. 봄이 오고 동물들은 눈사람을 찾아오지만 눈사람은 녹아서 사라지고 있었다. 누군가를 사랑하는 것도, 고마운 마음을 표현하는 것도 시간을 낭비하지 않는 것이 좋겠다는 이야기를 아이와 했다. 고마울 때, 사랑하는 마음이 들 때, 지금이 말할 시간이다.

책을 읽고 클레이를 이용해 눈사람을 만들었다. 클레이에 동전 자석을 넣어서 안 보이게 하고 싶었지만 그렇게 하니까 잘 붙지 않았다. 결국 자석을 클레이에 살짝 묻어두었다. 머리와 몸통이 분리되기도 하고 붙기도 하는 눈사람을 완성했다. 눈이 오는 날 눈밭을 뛰어다니면서 만드는 눈사람도 좋지만 클레이로 만드는 눈사람도 재미있었다. 눈사람을 만들면서 아이와 이야기했다. 나누는 것은 항상 좋을까?

당연히 좋은 것 같아요. 도움이 필요한데 외면하는 것은 나쁘잖아요. 아이가 이런 말을 하면 너무 정답을 말하는 것 같아서 진짜 아이의 마음일까 생각하게 된다.

나에게 있는 것을 얼마나 나누는 것이 좋을까?

아이는 이 문제에 대해 대답을 망설였다. 이 문제에 대해 깊이 생각하지 못한 것이다. 눈사람처럼 다 주면 행복할까? 주고 나서 아까워하지 않을 만큼 나누면 어떨까. 이런 얘기들을 만들기를 하면서 가볍게 나누었다. 눈사람은 왜 행복할까?

아이는 이 문제에 대해서도 역시 배운 것 같은 답을 했다. 원래 받을 때보다 줄 때 더 행복한 거라고. 나도 모르게 아이에게 이런 말을 했던 것은 아닌지 생각한다. 놀이시간에 아이에게 나눔에 대한 나의 생각을 강요하게 되는 것이 아닌지 조심스럽다.

원래는 올라프처럼 만들고 싶었는데 세 개의 몸을 만들기가 힘들었는지 아니면 지루했는지 아들은 꼭 세 개일 필요가 없다며 두 개의 몸을 가진 눈사람을 만들었다. 그리고 마치 애착 인형처럼 책을 읽거나 TV를 볼 때 몸통을 떼었다 붙였다 하면서 논다.

▲ 책 놀이가 끝나고 2년 동안 아이의 친구가 된 눈사람

벚꽃

　김용택 시인의 시를 읽고 시화를 그려봤다. 시를 프린트해서 종이를 손으로 찢어서 붙이기로 했다.

　시를 읽으면서 서로의 얼굴과 머리, 어깨에 스티커를 붙이면서 몸 놀이를 했다.

　남은 스티커는 시화 그리기에 활용했다. 스티커와 크레파스를 이용해서 시화를 그린다. 스티커를 이용해서 더 예쁜 시화가 완성됐다. 시화를 그리고 꽃을 주제로 아들은 시를 썼다.

　아들이 8살 때 쓴 시가 다투어 피는 꽃들로 예뻐진 오늘과 어울린다.

　꽃이 피는 날 / 이정민

　꽃이 피는 날
　꽃이 피면
　온 세상이 예뻐지는 날

▲ 아이가 벚꽃을 뿌리듯 표현한 시화

고구마구마 / 사이다

코로나가 시작되기 몇 달 전에 아들의 친구들과 집에서 읽은 책이다. 그림도 재미있고 언어유희로 고구마의 여러 특징을 잘 표현해서 웃음이 절로 난다. 아이들에게 책을 읽어주는데 실감 나게 읽어주려고 노력했으나 자꾸 어색하게 들렸다. 그래도 최대한 능청스럽게 라임을 맞춰 읽어주니 아이들이 재미있어했다.

한창 방귀 좋아하는 아이들이 빵 터졌다. 한참을 웃어서 진정이 안될 정도였다. 역시 방귀와 똥이 아이들에게는 최고의 아이템이다. 속 편하게 배출하고 누운 고구마가 정말 재미있다. 옆에 작은 고구마의 안녕을 빌어본다.

책을 읽고 아이들과 고구마를 가지고 놀았다. 생고구마를 깎아서 먹기도 하고 오븐에 구워서 사과와 함께 먹었다. 고구마를 먹을 때 먹먹해지는데 고구마나 김치를 함께 먹으면 괜찮다. 아이들은 생고구마를 처음 먹어본다고 했다. 의외로 맛있다며 아삭아삭 베어 먹었다. 사이다의 『가래떡』은 다른 날 읽은 책이다. 고구마구마가 재미있어서 이 책도 읽어주려고 떡집에 가서 가래떡을 사왔다. 가래떡의 다양한 모습들이 재미있다기보다 예술적이라는 생각이 들었다. 가래떡 만드는 과정을 그림으로 보여주는데 너무 재미있다. 불린 쌀을 들고뛰는 모습이 긴박하게 보이는 것은 왜일까? 가루가 된 쌀을 쪄서 기계에 넣으면 가래떡이 나오기 시작한다. 가래떡이 나오면 바로 차가운 물에 담근다. 그러면 서로 달라붙지 않는다.

책을 읽고 가래떡을 먹었다. 굽지 않은 가래떡을 꿀에 찍어 먹고, 오븐에 구운 가래떡도 먹었는데 구운 가래떡이 인기가 좋았다. 덕분에 두 번이나 구워야 했다. 한창 구운 가래떡 먹을 나이다. 가래떡을 가지고 어떤 요리를 만들 수 있을지 생각해봤다. 가래떡 피자와 김치찌개가 레시피로 나왔다. 의외로 김치찌개에 가래떡을 넣어보겠다는 의견에 호응이 좋았다. 떡국용 가래떡을 한번 김치찌개에 넣어보겠다고 다짐하면서 다들 집으로 돌아갔다. 아들은 가래떡 피자 만들기 레시피를 써봤다.

아들이 친구들과 책을 읽고 재미있게 놀던 때가 있었나 싶을 만큼 길고 지루한 시기를 지나고 있다. 올해는 학교에 갈 수 있었으면 좋겠다. 다시 아이들에게 책을 읽어주고 맛있는 간식도 먹고, 책 놀이도 다시 할 수 있으면 좋겠다.

웃음은 힘이 세다 / 허은미

올해는 웃음의 힘을 믿어봐야 할 것 같다. 이 책은 일단 그림이 너무 좋다. 그림만 봐도 기분이 좋아진다. 좋아하는 여자아이에게 고백하고 싶은데 긴장해서 딸꾹거리는 아이의 모습을 보면서 아이는 키득키득한다. 혹시 고백해 본 경험이라도 있는 것이 아닐까?

동물들도 웃는다는 것을 처음 알았다. 늑대 무리의 싸움이 간지럼 태우기로 끝난다니, 순둥한 늑대들이 귀엽다. 아들은 내가 간지럼 태우면 괴로워한다. 계속하면 화낸다.

모두가 웃을 때 웃지 못하는 빨간 머리 여자아이. 아이의 마음에 속상하고 짜증나는 초록 괴물이 있다. 뿅망치로 뿅! 뿅! 그래도 안 되면 역시 간지럼.

아이와 풍선을 불고 마음에 있는 괴물을 그렸다. 많이 그렸다. 속상한 마음. 괜히 짜증나는 마음. 아들이 자기 마음을 지켜볼 수 있는 사람이 되었으면 좋겠다.

나를 괴롭히던 1학년 때 그 아이한테 해주고 싶은 말. 풍선들을 아이 방에 두고 마음 내킬 때 뻥 터뜨린다. 속이 시원해지게 발로 밟아서 터뜨리면서 논다. 캠핑장에서도 캠프파이어를 하며 비슷한 놀이를 한 적이 있다. 종이에 속상하거나 화난 마음을 적어서 공처럼 뭉치고 모닥불에 던졌다. 아이들의 속상한 마음이 풍선처럼 불꽃처럼 사라졌으면 좋겠다.

▲ 아이들의 다양한 마음을 표현하는 풍선놀이

미스럼피우스 / 바버러 쿠니

앨리스는 저녁이면 할아버지 무릎에 앉아 먼 곳의 이야기를 들었다. 앨리스는 어른이 되면 아주 먼 곳을 여행하고 할머니가 되면 다시 바닷가에 와서 살 거라고 할아버지에게 말했다. 할아버지는 앨리스에게 한 가지 더 해야 할 일이 있다고 말한다.

"세상을 더 아름답게 하기 위해 뭔가 해야 해."

앨리스는 그렇게 하겠다고 했지만 어떻게 해야 하는지 몰랐다. 앨리스는 집을 떠나 멀리 떨어진 도시로 갔고, 도서관에서 일했다. 사람들은 앨리스를 미스 럼피우스라고 불렀다. 세월이 흘러 미스 럼피우스는 다시 바닷가로 돌아왔다. 미스 럼피우스는 세상을 아름답게 할 무슨 일인가를 해야 한다고 생각했다. 몸이 아파서 누워만 지내게 된 미스 럼피우스는 자신이 뿌린 꽃씨들이 피운 꽃을 보고 기뻤다.

"루핀 꽃이야. 루핀 꽃은 내가 가장 좋아하는 꽃인데, 올여름에 꽃씨를 뿌려서 내년에 꽃이 더 많이 피었으면 좋겠는데."

미스 럼피우스는 주머니에 꽃씨를 가득 담고 들판이며 언덕을 돌아다니며 꽃씨를 뿌렸다. 사람들이 미스 럼피우스를 "저 정신 나간 늙은이"라고 부르기 시작했다. 이듬해 봄이 왔고, 온 마을에는 루핀꽃이 가득했다. 한 사람이 세상을 바꿀 수 없지만 그 사람의 주변은 바꿀 수 있을지도 모르겠다. 미스 럼피우스는 마을을 아름답게 했고 할아버지가 그랬던 것처럼 집으로 찾아온 아이들에게 먼 곳의 이야기를 들려준다. 그리고 세상을 아름답게 하기 위해 뭔가를 해야 한다고 말해준다.

아들과 좋은 책을 읽는 시간은 세상을 바꾸기에는 부족하지만 아들과 나를 바꾸는 작은 씨앗이 될 것이라고 믿는다. 책을 읽고 아들과 루핀꽃을 만들어 보기로 했다. 만드는 방법은 간단하지만 시간이 생각보다 오래 걸렸다. 장인의 손길로 한 땀 한 땀 꽃잎을 만들어서 완성했다. 방법은 간단하다.
   1. 색종이랑 가위, 풀이나 테이프를 준비한다.
   2. 바탕 종이에 타원형으로 꽃 바탕을 만든다.

▲ 색종이로 럼피우스 만들기

엄마약 / 김미라

아이가 8살 때 읽었던 책이다. 부모는 항상 아이를 돌보지만 아이들은, 특히 남자아이들은 엄마 아빠를 챙기거나 돌보는 것에 무심할 때가 있다. 아이를 외동처럼 키우지 않으려고 노력하지만 어쩔 수 없이 외동스러울 때가 많다. 그래서 우리 부부는 아이에게 부모이면서 친구나 형제처럼 말하거나 행동할 때가 있다. 유치하게 억지를 쓰기도 하고, 비싼 과일이나 음식도 반드시 셋이 똑같이 먹는다. 아이에게만 좋은 것을 주지 않으려고 한다.

아이와 '엄마 약'을 읽으면서 엄마도 아빠도 지칠 때가 있다는 것을 알려 주는 시간을 가져봤다. 아픈 엄마를 위해 아이가 집 근처 약국에 간다. 약사 선생님께 엄마의 증세를 온몸으로 설명하는 아이가 귀엽다.

한참 엄마의 증세를 설명하던 아이는 엄마가 아픈 것이 자신의 장난 때문인 것 같다. 약사 선생님은 아이에게 밴드와 함께 특별한 처방을 해준다. 집에 돌아온 아이는 엄마에게 밴드를 붙여준다. 아이들에게 밴드는 만병통치약이다. 어릴 때 아들은 어린이집에서 넘어져서 아픈 무릎에 밴드를 붙여달라고 한다. 몇 시간이 지났지만 아직 아프다고 하면서 밴드를 붙여주면 이제 다 나았다고 좋아한다. 아마 동화 속 아이도 엄마가 다 나을 거라고 믿을 것이다. 그리고 약사 선생님의 특별한 처방대로 엄마를 꼭 안아준다. 이 책은 그림만 봐도 위로가 되는 책이다.

 약 봉투와 작은 초코알, 경우에 따라서는 음료수를 물약으로 사용하거나 진짜 레모나를 사용해도 좋았다. 아이가 약사가 되어 엄마에게 약을 처방해준다. 엄마는 증세를 자세히 설명한다. 아이는 엄마의 증세를 듣고 약을 처방하고 약을 조제한다. 복용법도 자세히 써준다. 주의사항도 꼼꼼하게 적어준다. 경우에 따라서 엄마가 약사가 되어 아이에게 약을 처방해준다. 이 놀이로 아이는 엄마를 조금 이해하고, 엄마는 아이가 평소에 어떤 점이 힘든지 알 수 있어서 좋다.

 "아들, 요새 뭐가 힘들어?"

 "힘든 거 없어."

 이렇게 말하던 아들도 약사 놀이를 하면 자연스럽게 자신의 마음을 말해준다. 서로의 마음을 토닥여주는 시간을 갖게 하는 따뜻한 책이다.

▲ 엄마를 위해 일일 약사 놀이

키스 해링:낙서를 사랑한 아이 / 카이 해링

『키스 해링:낙서를 사랑한 아이』는 낙서를 좋아해서 세상을 유쾌하고 따뜻하게 그린 화가 키스 해링의 이야기이다. 키스는 어린 시절부터 그리기를 좋아했다. 유명한 화가가 된 키스는 자신의 그림을 많은 사람들이 볼 수 있게 거리로 나가 벽과 보도, 그릴 수 있는 모든 곳에 그림을 그렸다.

'계속 그림을 그리며 살았답니다.'로 채워진 마지막 그림은 책을 읽는 누구에게나 하고 싶은 일을 멈추지 말고 계속하라고 말하고 있다. 따뜻하고 자유롭게 살았던 키스처럼 살아가기 위해 자신이 원하는 것이 무엇인지, 어떻게 살아야 할 것인지 생각해 볼 수 있는 생각의 공간이 되어주는 책이다.

　아들과 이 책을 읽을 때 익숙한 그림이 주는 친근함이 좋았다. 그리고 어린 시절부터 아이가 원하는 것을 자유롭게 표현하게 했던 키스의 아빠가 좋았다. 대한민국의 많은 아이들은 무한 경쟁 속에서 학원과 학습지와 숙제 때문에 늦은 시간까지 책상 앞에 앉아 있다. 키스가 했던 것처럼 줄을 그어놓고 아이에게 마음대로 표현해 보라고 했다. 어떤 형태로 표현해도 괜찮다고 했다. 아이는 아무것도 없는 줄 위에 세상을 그려갔다. 아이의 그림을 보면서 우리는 모두 줄 위에 세상을 만들어가고 있다는 생각을 했다. 지구는 지평 선위에 나무와 산을 그렸다. 사람은 지평 선위에 건물과 집을 그리고 있다. 아이를 임신했을 때 생명의 존재를 희미한 두 줄 위에서 확인했다. 우리는 모두 아무것도 없는 줄 위에서 태어나고 살아가는 존재들이다. 문득 끝없이 펼쳐진 지평선 위에 보일 듯 말 듯 피어오르는 아지랑이처럼 꼬물거리는 생명을 본 것 같은 착각을 한다.

▲ 직선 하나에서 세상을 꾸며나가는 상상력 놀이

인어공주/ 안데르센

아이가 9살 때 아이와 『인어공주』를 읽고 바다를 표현해 보기로 했다. 방법은 간단하지만 아이는 아주 좋아했다. 지퍼백에 사인펜을 이용해 바다의 모습을 그린다. 더 선명한 효과를 위해 바다생물 스티커를 붙인다. 스티커까지 붙이면 파란색 음료를 지퍼백에 3

분의 1가량 붓는다. 지퍼백 입구에 테이프를 붙여서 혹시 음료가 샐 수도 있는 사고를 방지한다. 마지막으로 지퍼백 뒤에 연한 베이지색 도화지를 붙인다.

완성된 그림을 움직여서 바다를 표현해 본다. 그림을 움직이면 파도가 치는 모습을 볼 수 있다. 움직임에 따라 거친 파도가 되기도 하고 잔잔한 해변의 모습이 되기도 한다.

남은 음료를 마시면서 해변 풍경을 감상한다. 아이가 마시는 투명한 컵에도 그림을 그리고, 스티커를 붙인 후 음료를 따라 마시면 나만의 시원한 음료 컵이 되기도 한다. 하지만 아이가 원하지 않아서 해변만 만들었다. 아이가 즐겁지 않은 놀이는 하지 않는 것이 좋다.

▲ 인어공주가 커다란 바위 위에 앉아 노래를 부를 것 같은 바다를 표현

비오는 날은 정말 좋아 / 최은규

    올해는 유난히 비가 자주 오는 것 같다. 비가 오면 괜히 마음이 들뜬다. 외출할 일이 없어도 마음이 부산스럽고 바쁘다. 어릴 때는 정말 비 오는 날을 싫어했다. 아마 아이가 태어나기 전까지 비 오는 날을 싫어했던 것 같다. 형제가 많았던 탓에 항상 우산이 부족했다. 아침에 서두르지 않으면 살이 부러진 우산을 쓰고 가거나 우산 없이 학교에 가야 하는 날도 있었다. 어른이 되고 나서 나는 한동안 예쁜 우산을 모으는 버릇이 있었다.

    비가 오면 나는 가끔 아이와 우산을 쓰거나 비옷을 입고 산책을 한다. 비가 오면 지렁이도 나와 있고, 달팽이가 풀잎 위에 앉아 있을 때도 있다. 아이는 지렁이를 보면 앉아서 구경하기도 하고, 달팽이를 괜히 다른 풀에 옮겨놓기도 한다. 달팽이 입장에서는 강제 이사라 놀랐을 것 같다.

    이유는 모르겠지만 아이는 빗물이 고인 곳만 골라서 철벙하고 밟는다. 아이는 철벙 철벙 신이 났다. 아이들은 비가 오면 기분이 좋아지는 것 같다. 비가 오는 날 아이와 읽기 좋은 책으로 놀아봤다.

    유명한 백희나 작가님이 그림을 그린 작품이다. 그래서인지 그림이 익숙하게 따뜻하다. 자동차 위에 떨어지는 빗소리는 다른 곳보다 크게 들릴 때가 많다. 차 안에서 들으면 괜히 커피 한잔하고 싶게 만들기도 한다. 그러고 보니 아이들은 비가 오면 어떤 음식이 생각날까 궁금하다.

 달리는 차 안이나 집안에서 비 오는 창밖을 볼 때 기분이 좋아진다. 옷이 젖을 걱정 없이 유리를 타고 내리는 빗물을 마음껏 구경하면 좋다. 불멍이 아닌 비멍이라고 할까?

 나는 어릴 때부터 비에 젖은 나무를 보는 것을 좋아했다. 비가 오면 나무의 색이 선명해지고 꽃도 더 예쁘게 보인다. 특히 겨울비에 젖은 나무들을 보면 멍하니 보게 된다. 이런 내 기분이 그림책에도 나오니까 괜히 기분 좋다. 비 오는 날 걷는 아이의 모습을 백희나 작가님이 아주 예쁘게 그려주었다. 아이는 우산을 비를 피하기 위해 쓰는 것이 아니라 놀려고 쓰는 것 같다. 그래서 비옷이 필요한지도 모르겠다. 강아지와 함께 발랄 상큼하게 걷는 아이를 보니 빨간 우산 하나 사야겠다. 비가 와서 기분이 좋은데 무지개까지 선물 받은 아이는 얼마나 기분 좋을까? 무지개가 뜬 날은 분명 행복한 일만 생길 것 같다.

▲ 빨대와 물감만으로 비를 만드는 아이

　비가 오는 날 아이와 함께 하면 좋은 놀이가 많다. 그중 하나가 비를 직접 표현해 보는 것이다. 하얀 도화지에 그림을 그리거나 스티커를 붙여도 좋다. 우리는 잡지를 잘라 붙였다. 동물이나 숲속, 도시의 모습을 표현해도 좋을 것 같다. 파란 물감과 물을 섞어서 빨대나 스포이트를 이용해서 한 방울씩 그림 위로 떨어뜨린다. 스포이트가 없어서 우리는 빨대를 이용했다. 여기저기 아이가 원하는 대로 자유롭게 하게 둔다. 비가 내리는 모습을 생각하면서 편하게 비를 뿌린다. 물감을 다 떨어뜨렸다면 그림을 세운다. 그림을 세우면 물감 물이 천천히 아래로 내려오면서 비가 내린 것처럼 보인다. 실제로 비는 투명하지만 이렇게 파란색으로 해야 비를 표현할 수 있다. 완성한 작품을 보는 것보다 만드는 과정을 아이가 좋아했다. 종이를 오리고 붙이면서 어떻게 비를 만들어요? 하고 의심하던 아이가 완성해 가면서 신기하다고 좋아했다.

▲ 아이의 그림 속에는 비가와도, 호랑이가 달려와도 즐겁다

에필로그

책은 나와 너를 찾아가는
긴 호흡의 여행이다.

    아내와 아이를 나의 기준으로 평가하는 것이 아니라, 있는 그대로 인정하고 바라볼 수 있었던 첫 번째 출발점은 책을 집어든 것이었습니다. 가족과 친구와 독서회를 하며 서로의 생각을 확인하고 대화를 이어 나갔습니다.

    책 읽기에 있어 자기 결정권과 즐거움만 유지된다면, 누군가의 방법을 따라 하는 것이 아니라 가정마다 각기 다른 행복한 책 읽기와 대화가 이어질 것입니다. 책 읽기 좋아하는 친구들과 부모님들이 많은 것을 보면 세상에는 분명 제가 제시한 방법보다 더 좋은 방법들이 무궁무진할 것입니다.

    토론은 어렵고 딱딱한 것이 아닙니다. 행복한 밥상머리 독서토론은 우리의 일상 속에 책을 살짝 끼워 넣어 자신의 생각을 정리하고 서로의 생각을 알아가는 행복한 대화의 연장입니다. 우리가 사는 세상은 혼자 살아갈 수 없습니다. 혼자가 아닌 함께 잘 살 수 있는 세상을 위해 가장 필요한 것은 무엇이라고 생각하시나요? 저는 대화를 통한 구성원들 간의 원활한 소통이 첫 번째라고 생각합니다. 독서토론은 그것을 실천할 수 있는 가장 손쉬운 길입니다. 일상에서 읽고 대화하면 생각할 수 있고 결국 행동할 수 있습니다.

    아이가 성장할수록 가족의 책도 독서토론도 함께 성장할 것입니다. 가까운 사람들과 함께 좋아하는 책을 읽고 이야기 나눌 수 있는 시간이 더 많아졌으면 좋겠습니다. 누군가의 추천 도서보다는 내가 좋아하는 책으로 즐거운 책 읽기와 토론이 시작되었으면 합니다.

　책은 나를 향한 질문이자 타인의 생각을 읽을 수 있는 대화의 매개체로서 가장 좋은 도구입니다. 긴 호흡이 필요한 여행이지만, 우리는 조금씩 서로를 더 바라보게 됩니다. 나는 누구인가라는 질문에서 출발해 자신이 좋아하는 일을 찾고, 나와 함께 살아가는 너와 우리를 알아갈 때, 우리의 삶은 더 행복해질 것입니다. 살아 있다고 느끼게 될 것입니다.

읽고 대화하면
생각하고 행동할 수 있다

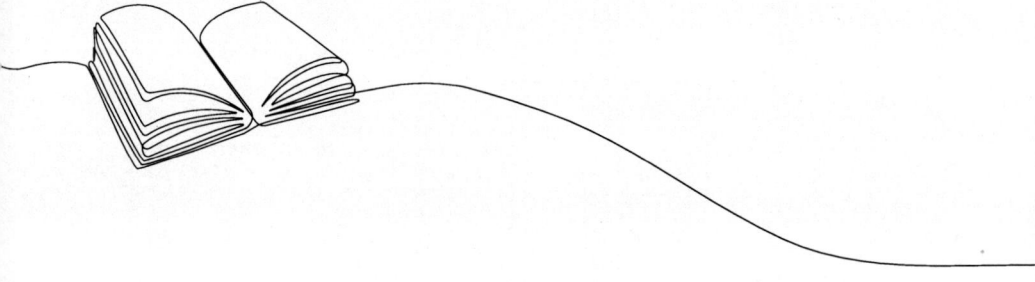